素心学要論

素心学塾 塾長
池田繁美

財団法人
モラロジー研究所

「素心学」

素心学とは、素直な心を学ぶということです。

素直な心とは、心にクセがなくまっすぐな状態をいいます。

人の心は、「自我」と「過去の行為」によってクセがついています。

素心学では、この心のクセをまっすぐにしていくことを主題としています。

心のクセは、「禅的瞑想《ぜんてきめいそう》」「感謝の言葉」「一日の反省」を毎日くり返すことによって正《ただ》されてきます。

心のクセは、表情、語調、動作にあらわれていますが、それが正されてきますと、おのおのがやわらかくなり、全体の雰囲気がやわらいできます。

「和顔愛語《わげんあいご》」の人になります。

素直な心はものごとの本質をありのままに受け入れ、自然の理法にかなった行為《こうい》をします。

素直さを習得した人は、諸事《しょじ》の判断に、あやまりがなく、またムリがなく、まわりの人や自然から支持され、ものごとを成就《じょうじゅ》させていきます。

「素心の誓い」

きょう一日、
素直な心で生きていきます。
きょう一日、
謙虚な心で生きていきます。
きょう一日、
正しい心で生きていきます。
きょう一日、
明るい心で生きていきます。
きょう一日、
おだやかな心で生きていきます。

きょうの私は、きのうの私より成長いたします。

まえがき

平成二十年の八月で、私は六十歳という節目《ふしめ》を迎えることができました。還暦《かんれき》です。長いあいだ、ほんとうによく無事に生かされてきた、というのが、そのときの実感でした。同時に、これからは、お世話になった世のなかになんらかの形で恩を返していかなければならないと思うのです。

なお、同じ月の終わりに、かねてよりの念願であった「素心学研修所」（素心学塾）の建物が福岡県直方市《のおがたし》の郊外に完成しました。その施設を生かすことでも、みなさまのお役に立つことができればと願っています。

この本を書くきっかけも、そこにあります。「素心学」がひとりの人の手から、またひとりの人の手へと伝えられる。そのことで、ずいぶんと世のなかが変わってくると、私は信じています。

「素心学」をだれかに伝える――。

それが、私のまずいちばんにすべき「世のなかのお役に立つ」おこないにほかなりません。
そのための研修所であり、本書なのです。

この本は、「素心学」の入門書です。であると同時に、「人生に素心学をいかに生かすか」という実用の書でもあります。
それは、「学んだことを生かさなければ、ほんとうに学んだことにはならない」という原理が「素心学」にはあるからです。

なお、本書の内容は、素心学塾で「塾長講話」としてお話しさせていただいたことを中心にまとめています。その際に使用した資料（図表や写真など）もなるべく多く掲載して、読者のみなさまの手助けとなるように心がけました。また、私が毎月刊行している「素心」の文章をそのまま再録した箇所には、その号数および発行年月を書き込んでいます。

さらに、『素心学要論』という書名が示すように、いままでの私の著作とは異なり、随筆ふうの表現をおさえ、「素心学」の理論とその実践方法に的をしぼって論を進めています。

しかし、できるだけわかりやすい文章表現と構成を考え、各節もしくは章の終わりには【要点】としてその主旨をまとめています。

「素心学」とはなにか。

「素直な心」とは。

人は、なぜ素直になれないのか。

では、どうすれば素直になることができるのか——。

本書では、そうしたことを、ひとつひとつ、あますところなく示しました。言わば、「素心学」の集大成をはかったつもりです。

この一冊が「素心学」を学ぶみなさまのテキストとして活用されますことを、また人生のガイドブックとしても机のそばに置いていただけることを祈念してやみません。

最後になりましたが、本書を世のなかに送り出してくださったモラロジー研究所ならびに関係者のみなさまに、厚く感謝いたします。

素心学塾塾長　池田《いけだ》　繁美《しげみ》

素心学要論　◎　目次

第七章　素心の徳目――品性豊かに生きる二十の項目　287

装丁　レフ・デザイン工房　神田程史

第一章

素心学の概要《がいよう》

――「素直な心」の学びかた

素心学とは、素直な心（素心）を学ぶことです。

その素直な心とは、どのような状態をいうのでしょうか。
また、素直になるには、どうすればよいのでしょう。
素直になると、どんなふうに人生が変わるのでしょうか。

まず、そのことから考えてみましょう。

「素心学《そしんがく》」とは、素直な心を学ぶこと

「はい、わかりました」「ありがとうございます」という心

「素心学」とは、素直な心（素心）を学ぶことです。

私たちは、年齢をかさねるにつれ、生きていくうえでのアカを心にたくさんつけてしまいます。そのアカを落とした純粋な心、生まれたときのようにまっ白で変なクセのついていない心を「素心」と呼びます。

もう少しかみくだいて言うと、「素直さ」とは「逆《さか》らわない生きかた」で、つぎのふたつの状態をさします。

1、人の言うことを、「はい、わかりました」と聞き入れることができる。
2、困ったことが起きても、「起こるべくして起こった、ありがとうございます」と受け止めることができる。

よく「素直である」ということを、「自分の感情をおさえつけず、ストレートに表す」、あるいは「自分の思いどおりにふるまう」といったように、自分中心の思いや行動を優先させることだと、はきちがえている人が多いようです。

そのようなかたは、いま私があげた「素直であること」の状態が、正反対のことのように感じられるでしょう。

しかし、人の言うことや身のまわりに起きるものごとを「はい、わかりました」「ありがとうございます」と受け入れる心が育つと、自分の思いにしたがっても道をふみはずさない生きかたができるようになります。

そうでない未熟な心のまま自分勝手な思いにとらわれて行動してしまうと、無免許で自動車を運転するようなもので、危険きわまりありません。自分も大ケガをし、まわりをも事故にまきこんでしまうでしょう。

そういう私も、むかしは自分のせまく浅い価値観や先入観を優先させて、「それは、そうだけれども」と思いながら人の話を聞いていました。たとえば、講演会で講師が言うことを「それはあなたの考えであって、私はそうは思わない」と聞き入れていませんでした。

しかし、現在では「なるほど、はい、わかりました」と耳を傾けることができています。どうしても疑問が残るようであれば、「私はこう思いますが、いかがでしょうか」と冷静にたずねることにしています。

なお、いくら人の言うことを「はい、わかりました」と聞き入れるといっても、「人を殺してこい」とか「カネを盗んでこい」と言うのにしたがうわけにはいきません。それは、人間としての良心にそむくからです。そうした犯罪行為や人に迷惑をかけるような特別なことではなく、日常の基本的なことであれば、まず「はい、わかりました」と受け入れたいものです。

また、私たちには生きているうえでいろいろなことが起こるものです。

それが自分にとって都合のよいことであれば「ありがとうございます」と感謝することもできますが、困ったり、不都合なことであったりすると、そうはいきません。病気になったり事故が起きたりすると、そのたびに「困ったな」「なんでこんなことになるのだ」と頭をかかえてしまいます。しかし、よく考えてみると、病気も事故も、仕事や経営上の問題も、人間関係の悩みも、原因は自分自身にあることが多いものです。

立ち止まって、自分自身を見つめなおすと、そのことがよくわかります。すると、困ったできごとも、私たちにそのことを教えて改めさせるために、起こるべきして起きた（必然）、なくてはならない（必要）ことだったと感謝できるでしょう。

病気になった原因を考えてみると、暴飲暴食であったり、夜ふかしであったり。その生活習慣の乱れを正さなければならないことを、病気は教えています。つまり、病気をしたおかげで生活が改善されるわけで、「ありがたい」と思わざるをえません。

事故の場合でも、「ゆとりをもって早めに出発すべきだった」。人間関係のもつれも、

「自分を強く主張しすぎた」。そういうふうに立ち止まって考え、改めていくなら、すべてが「ありがたい」ことにちがいありません。

このように「素直な心」を意識し、少しずつそれに近づいていく工夫と努力をかさねたおかげで、私の人生は大きく変わりました。人とうまくやっていけない、なにかはじめようとすると障害がある。そんなときには、かならず立ち止まって考えます。すると、原因がわかり、すぐに改善すべきところは改善し、ものごとがうまく運ぶようになるのです。

魅力的な人間になるために生きている

さて、人間は本来、肉体的な成長とともに人格の形成をはかっていきます。ところが、ほかのだれにもないすばらしい性質や能力をもって生まれてきたはずなのに、いつのまにかそれを見失っている人も多いでしょう。すねたり、ひがんだり、わがままになったり、うぬぼれたり、自信をなくしたり。心を妙なクセでゆがめ、それを個性的だとカンちがいしている人もいます。また、おとなになってからも幼いとき以上に、まわりを困らせたり、迷惑をかけたりしている人もいます。

したがって、年を取ることが、あるいはからだが大きくなることが、そのまま人間としての成長だとは言えません。

人間の成長は、人格の完成を目ざす過程で生みだされていきます。

また、生きるとは、「人格の完成」を目ざす過程だといってもよいのかもしれません。

もちろん、この世のなかに完成された人間などいないでしょう。しかし、「人格の完成」を目ざして歩むことは、だれにでもできるはずです。

それを目ざす人と、「このままが気楽でいい」と考える人も、たしかにいます。少々きつくても山の上までのぼろうという人と、平らな道ばかりを選んで歩む人のちがいです。生きることの喜びやすばらしさを感じ取ることができるのは、やはり前者です。

そう考えると、案外、人間は、「一人ひとりの人格を完成させる」ために生かされているのかもしれません。

また、「個人の特性を生かす」「個性を重視する」と、よく言われます。もちろん、私も「その人のもっている性質や能力を生かすことが大切だ」と思います。

でも、人間としての未熟さやゆがんだ心のクセをそのままにして、あるいはそれらを「個性的でいいよ」とほめそやして、社会に順応《じゅんのう》できない人間性を育てたり、乱暴な言動を助長《じょちょう》したりすることはつつしまなければならないでしょう。

心を素直にするとは、年齢とともに身につけてきた、わがままな思いやかたくななな考えかたをすてるということです。すると、本来そなわっている人間の知恵がよみがえり、「いかに生きるべきか」という方向性が見えてきます。

その方向を見失わせているのが、心についたクセです。そのクセは、私たちの心にフィルターをかけ、ものごとをあるがままには見えないようにしています。だから、素直になれないのです。

心にかかったフィルターが、あるがままに受け入れることをさまたげてしまいます。

この心をゆがめているクセをまっすぐにしていく学習が、「素心学」です。

なお、「人格の完成」とは、むやみに知識を増やすことでも、社会的名誉を追うことでもありません。

まえの自分よりも、少し人間的な成長をはかることができた――。

そう思えたとき、まわりの人びとにもよい影響をおよぼすことができていなければ、「人格の完成」に向かっているとは言えないでしょう。

つまり、人格を向上させることで、自分だけではなく、より多くの人びとの幸福がはかられなければならないのです。「人格の完成」とは、個人の欲望を満たすものではは決してありません。

また、自分ひとりのことだけを思いわずらうのではなく、身近な人のことを、さらにはひとりでも多くの人びとのしあわせを願う――。

そうした思いや態度からこそ、人間的魅力はにじみ出てくるのではないでしょうか。

同時に、それぞれのすばらしい性質や能力を正しく発揮《はっき》できたとき、その人の姿に魅力があふれます。

言葉を変えると、私たちはもっと魅力的な人物になるために生きています。したがって、「人格を完成」させようとすることで煙たがられたり、うとましく思われたりしては意味がありません。


ところで、私たち一人ひとりには、だれでも幸福になる権利があります。そして、それと同時にまわりを幸福にする力も与えられています。

ただ、その能力に気づかずに、あるいはその力の使い道を知らずに、そのままうもれさせてしまっている人が多いようです。

人間としてだれにでもそなえつけられている大いなる力は、心を素直にしたときにはじめて発揮できるはずです。そのことを信じて、生まれたときのまっ白な心の状態を取りもどすことをはじめましょう。

【要点】

「素直な心」（素心）とは

1、人の言うことを、「はい、わかりました」と聞き入れることができる。

2、困ったことが起きても、「起こるべくして起こった、ありがとうございます」と受け止めることができる。

素心学　＝　素直な心（素心）を学ぶ　＝　心のクセを正す学習

↓

生まれながらに与えられている、すばらしい性質や能力、知恵の発揮

↓

心のクセを取りのぞき、人格の完成を目ざす

素心学の四大指針

素心学には、大切な四つのキーワードがあります（素心学四大指針）。それぞれの内容については、別のページや章でくわしく説明しますが、まずこれらの概要《がいよう》を理解しましょう。

《素心学四大指針》

素心学の定義《ていぎ》
素心の誓《ちか》い
素心の実践《じっせん》
素心の五行《ごぎょう》

1、素心学の定義《ていぎ》

「素心学」の意味を説いたもので、「素心学とは、素直な心を学ぶことです」ではじまり、**主題（素心学の目的）**、**方法（素心になるための行動）**、**結論（素心を学び、行動した結果）**で構成されています。

根本的な考えかたを示しているので、素心学を学ぶ素心学塾では勉強会のはじめにまず唱和をし、大半の塾生はそらんじます。

（詳細は、本章「素心学の定義」）

2、素心の誓《ちか》い

つぎの五つの心で一日を大切に過ごしていくことを、まず自分自身に言い聞かせます。

素直な心

謙虚な心

正しい心
明るい心
おだやかな心

そして、他人と比較するのではなく、きのうの自分よりもきょうの自分、きょうの自分よりもあしたの自分と、人間的な成長を目ざす思いを、心にきざみます。

これを勉強会のしめくくりとして、みんなで暗唱しています。

（詳細は、第四章「素心の誓い」）

3、素心の実践《じっせん》

素心学を学ぶ人が意識すべき**「日常の心がけ」**を二十一項目にわたってあげています。特別なことではなく、いずれも社会人としての基本的な行動ばかりです。

まず自分が実践し、つぎに家庭や職場で、あるいは友だちに伝えていきたいものです。

（詳細は、第五章「素心の実践」）

4、素心の五行《ごぎょう》

心を素直にしていくための、おもな方法。ひとつの行為に集中することで、素心に近づいていきます。

禅的瞑想《ぜんてきめいそう》（心を静かにし、目を閉じてすわる）

歩行《ほぎょう》（自然の多い場所を歩く）

写字《しゃじ》（文字を写す）

柔体《にゅうたい》（からだをやわらかくする運動をおこなう）

清掃《せいそう》（そうじをする）

（詳細は、第三章「素心の五行」）

【要点】

これからの学習では、つぎの四つが指針となります。

1、素心学の定義
2、素心の誓い
3、素心の実践
4、素心の五行

素心学の定義

人格を形成していくために、「素心学」を学びます。「素心」とは「素直な心」のことで、「素心学」とは「素直な心」を学ぶことにほかなりません。

この「素心学」の定義（巻頭ページ参照）は、その内容から三つのグループにわけることができます。

1～4行目（第1グループ）→**意義（素心学の目的）**

5～9行目（第2グループ）→**方法（素心になるための行動）**

10～12行目（第3グループ）→**結論（素心を学び、行動した結果）**

では、それぞれのグループごとに、その内容をみていくことにしましょう。

意義（素心学の目的）

素心学とは、素直な心を学ぶということです。
素直な心とは、心にクセがなくまっすぐな状態をいいます。
人の心は、「自我」と「過去の行為」によってクセがついています。
素心学では、この心のクセをまっすぐにしていくことを主題としています。

（巻頭ページの1～4行目）

「素心学」とは「素直な心」を学ぶということ。その「素直な心」とは「クセがなくまっすぐな状態」であること。そして、「心のクセ」を正すことが「素心学」の目的であること。それをここで明確にしています。

なお、「心のクセをまっすぐにする」とは、「人格の完成を目ざす」ということです。

方法（素心になるための行動）

心のクセは、「禅的瞑想《ぜんてきめいそう》」「感謝の言葉」「一日の反省」を毎日くり返すことによって正《ただ》されてきます。

心のクセは、表情、語調、動作にあらわれていますが、それが正されてきますと、おのおのがやわらかくなり、全体の雰囲気がやわらいできます。

「和顔愛語《わげんあいご》」の人になります。

（巻頭ページの5〜9行目）

「心のクセ」を正す方法は、**「禅的瞑想」「感謝の言葉」「一日の反省」**をくり返すこと。

すると、だんだんとおだやかな表情（和顔）、やさしい言葉づかい（愛語）となり、動作もリズミカルで、しかもていねいです。その人のもつ雰囲気までも変わってきます。また、そうならないと、心のクセが正されたことにはなりません。
なお、**「禅的瞑想」**は、「素心の五行」の中心となるもので、静かに目を閉じてすわること（第三章「素心の五行」）。

「感謝の言葉」（詳細は、第四章「素心の誓い」）は、朝起きたときに「きょう、目ざめることができました。ありがとうございます。いま、からだのどこも痛くありません」と感謝し、「きょうの一日、大切に大切に過ごさせていただきます」と、気持ちを新たにします。
また、眠りにつくまえに、「きょう一日、無事に過ごすことができました。無事に過ごせた日が最良の日です。よいことを望むのは欲深いことです。ありがとうございました」と、「一日の無事」に感謝します。

「一日の反省」は、「日常の心がけ」（第五章「素心の実践」）の1から20までを一日の終わりに反省することです。

結論（素心を学び、行動した結果）

素直な心はものごとの本質をありのままに受け入れ、自然の理法にかなった行為《こうい》をします。

素直さを習得した人は、諸事《しょじ》の判断に、あやまりがなく、またムリがなく、まわりの人や自然から支持され、ものごとを成就《じょうじゅ》させていきます。

（巻頭ページの10～12行目）

ものごとがうまくいかないときは、その原因が自分の内にあることが多いものです。なかなか気がつきませんが、自分自身でものごとがうまく運ばないようにしてしまっていることがあります。

それは、すべて「心のクセ」に起因《きいん》します。

クセのない素直な心は、ものごとを正しく見、すべてをそのまま受け入れることができます。世のなかの動きや自然の流れにそった考えかたや行動ができるので、ムリがありません。

また、逆《さか》らわない生きかたができるので、相手と衝突《しょうとつ》することもなく、スムーズにものごとを運ぶことができます。

まわりの人びとからの支持はもちろんですが、社会や自然界のルールからはみだすようなムチャな行為はしなくなるので、さまたげとなる原因や障害がなくなります。

【要点】

素心学の定義を要約すると、つぎのとおりです。

〈意義〉素心学とは、素直な心を学ぶこと。素直な心とは、心にクセがなくまっすぐな状態をいう。素心学で、心のクセを正す。

〈方法〉「禅的瞑想」「感謝の言葉」「一日の反省」をくり返す。すると、しだいに「和顔愛語《わげんあいご》」の人となっていく。

〈結論〉素直な心は、ものごとを正しく見、すべてをそのまま受け入れることができる。逆らわない生きかたなので、衝突もなく、ものごとがスムーズに運ぶ。まわりの人びとの支持を得、社会や自然界のルールにそった考えや行動で、思いを実現できる。

人格の本質は「人間の徳性《とくせい》」

生きていくうえでなくてはならないもの

「人格」とは「人がら」です。その人がどのような性質なのか、どのようなものの考えかたをしているのか。すべてをひっくるめて、その人の「人がら」となります。

また、「人格」は、本質的要素と付属的要素にわけることができます。本質的要素は、生きていくうえでなくてはならないもので、「人間の徳性」がこれにあたります。それに対して、付属的要素には、専門的知識や教養的知識があります。

本質的要素　↓　なくてはならないもの　（人間の徳性）

付属的要素　→　あると役に立つが、なくてもかまわないもの（専門的知識、教養的知識）

こう分類すると、「知識」もなくてはならないものではないか、という疑問も出てくるでしょう。しかし、ここでいう「知識」とは、専門的知識や教養的知識に限定しています。したがって、読み書き計算ができる、社会の規則を理解しているといった日常生活に必要な最低限の知識はふくまれていません。それらは、「人格」に影響を与える資質（人間の徳性）や能力（専門的知識、教養的知識）とは異なるからです。

たしかに、私たちが社会人として自立していくためには、生活の経済的基盤を支えるための「専門的知識・技術」がまず必要です。「付属的」とは言いますが、生活の糧《かて》を得るために欠くことはできません。また、人とのコミュニケーションを豊かにし、生活にうるおいをもたらす教養的知識も必要なものです。

けれども、これらの知識、ましてや教養は「人格の本質」ではありません。いくらすぐれた知識や技術をもっていたとしても、それらを正しく生かす「人間の徳性」が働かなければ、役に立たないどころか、悪用、乱用となり、他人に迷惑をかけたり、罪《つみ》を犯《おか》したりして、その人格をおとしめることになってしまうからです。そのような社会問題や犯罪の例は、いくつもあげることができるでしょう。

たとえば、自動車はいまや私たちの生活には欠かせません。運転する人は、その運転技術や整備のしかた、交通ルールを学びます。しかし、そこに他のクルマや歩行者

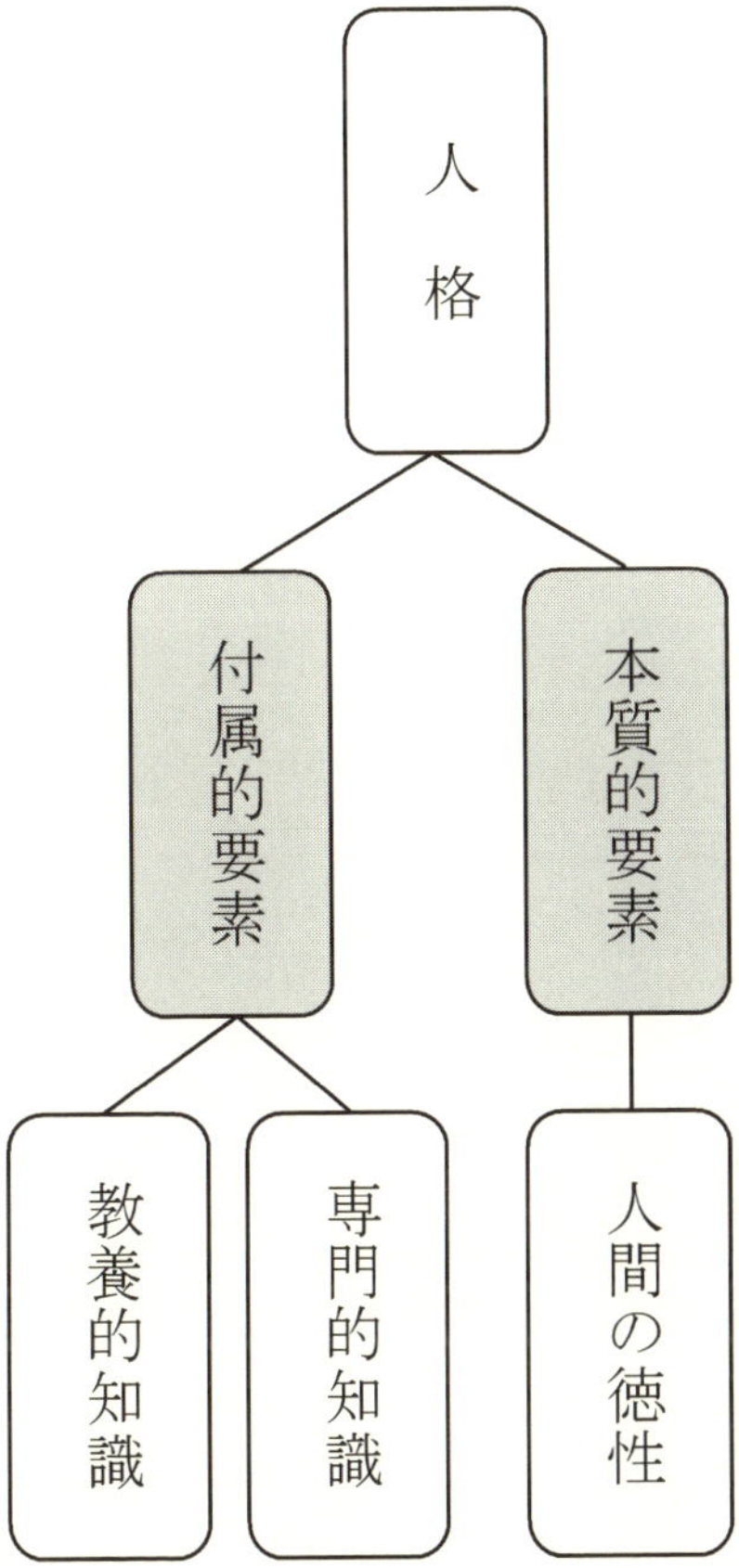

といったまわりに対する思いやりがなければ、便利な乗り物がたちまち危険な凶器《きょうき》へと変わってしまいます。

「徳性」という土台の上に

「徳性」という土台の上にこそ、専門的知識や教養が積みあげられていかなければなりません。

しかし残念ながら、多くの人は、専門的知識や技術の修得には熱心でも、「人間の徳性」にはそれほどの関心を示していません。「徳性」を身につけたからといって、すぐに経済的な豊かさが得られるわけではないからでしょう。

また、わが国の学校教育も、「学力いちばん、つぎに体力」で終わってしまっています。これからは、「徳性の力」とでもいうべき「徳力《とくりょく》」を育てることにもっと重点をおかなければ、「健全な人格」を子どもたちに植えつけるのはむずかしいのではないでしょうか。

もちろん、家庭や地域社会でのしつけが基本ですが、一般の人びとの手にゆだねるだけではなく、「徳力」にも学校でのきちんと体系づけた教育が必要とされるはずです。

同時に、私たちおとなが「徳性」を身につけていかなければ、住みよい社会の実現は望めません。また、子どもたちの明るい未来をつくることもできないでしょう。

なお、「徳力」を重視するあまりに、「学力」や「体力」を軽んじているわけではありません。大切なのは、この三つのバランスをとって教育するということです。

実社会においても、専門的知識や技術を学ぶ、言わば「専門学」に重点がおかれすぎて、「人間の徳性」を学ぶ「人間学」は個人の趣味レベルに追いやられている傾向にあります。

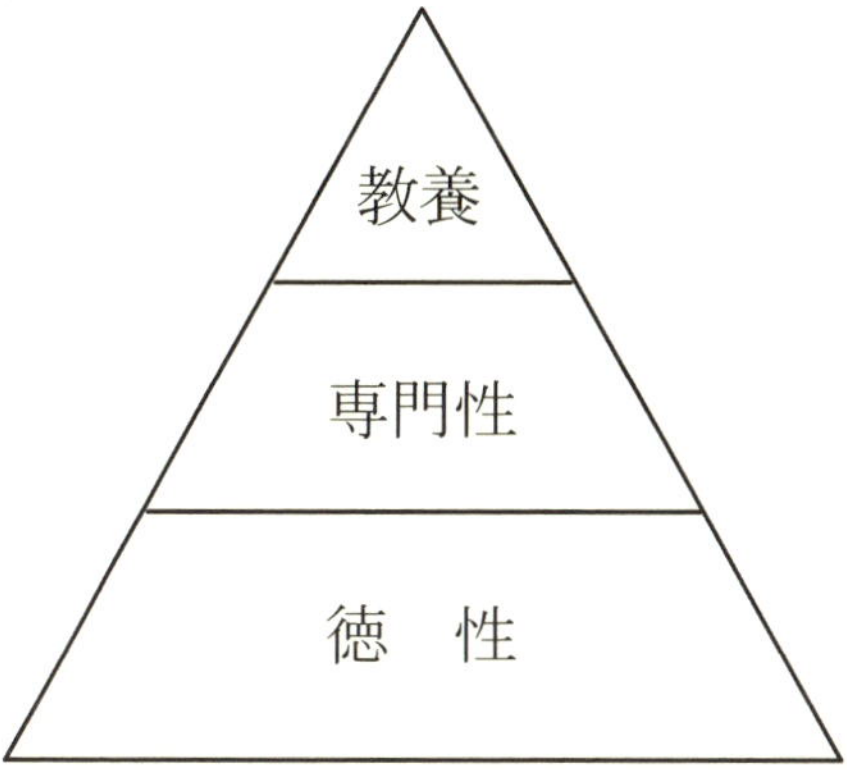

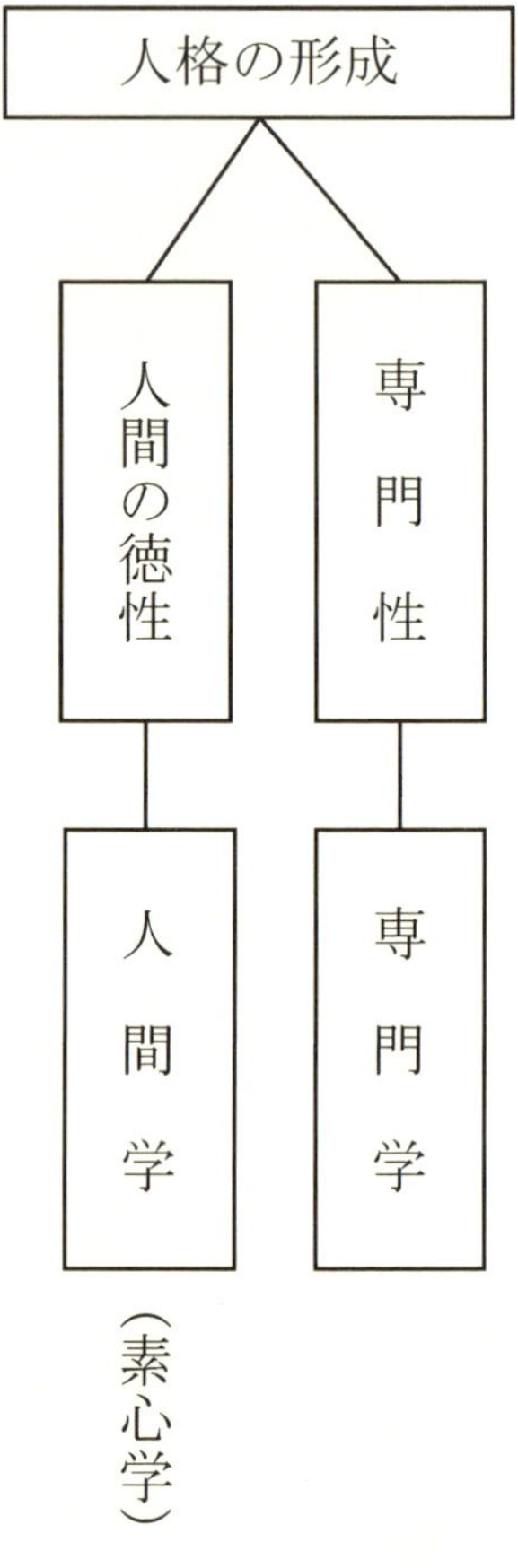

学校教育ではもちろんですが、家庭や地域社会でも、いまは軽んじられ、またどことなく敬遠されている感じのある「徳育」を見なおす必要が大いにあります。
「人格」の本質は「徳性」にあることを、忘れてはなりません。

【要点】


「人格」の本質は「人間の徳性」です。

たしかに「専門的知識」なども仕事や生活に必要ですが、それらはあくまで「人格」の付属的な要素にしかすぎません。

「徳性」が「人がら」をつくり、「人格」の土台をなします。

徳は「思いやり」

「徳」の意味するところ

「徳性」の〈徳〉にはいろいろな意味がありますが、素心学では「思いやり」のことしています。「思いやり」とは、周囲の人に不快さを与えないことです。さらにもう一歩ふみこむと、安心と喜びを与えることです。

徳　＝　思いやり

①　不快さを与えない

②　安心と喜びを与える

周囲の人とは、家族、職場の人、そしてお客さまです。なかでも、不快さをいちばん与えてはいけないのは、もっとも身近な存在である家族です。

ともすれば、仕事でお客さまを大切にしようとするあまりに、つい家族や職場の人をないがしろにする人がいます。しかし、自分のわがままが出やすい人に対して、不快さを与えないように注意しなければなりません。その人たちが、家族、部下、同僚たちです。

もちろん、すべての人に不快さを与えないことが理想ですが、あえて優先順位をつけるとするなら、つぎのようになるでしょう。

1、家族

2、職場の人たち

3、お客さま

まず、もっとも身近な存在で、自分のわがままを出しやすい家族がはじめにきます。

「安心と喜び」を与える順序も、これと同じです。

いちばん親《した》しい家族を大切にできないようでは、おそらくお客さまのことも大事に思うことはできないでしょう。それはうわべだけの接客態度で、まごころのこもった応対とはほど遠いはずです。心にもないお世辞《せじ》やウソを並べたとしても、そばにいる人からはすぐに見ぬかれてしまいます。

「外面《そとづら》はいいけど、内面《うちづら》が悪い」

徳を身につける → 思いやりを身につける → 周囲に不快さを与えない → 周囲に安心と喜びを与える

身近な人からそう批判されるようではいけません。まわりから親しみ、慕《した》われる存在でありたいものです。

したがって、「人間の徳性」とは、「思いやり」を身につけることにほかなりません。

つまり、周囲に不快さを与えず、安心と喜びを与えることのできる人間性をやしなうことです。

そして、そのことがたしかな人格を形成していくことになります。

良心にもとづくおこない

悳 → 德 → 徳

ところで、「徳」という字の形は、上のように移り変わっています。

『漢字源』（学研）という辞典には、「本性のままのすなおな心の意。徳はのち、それに彳印《てきじるし》を加えて、すなおな本性（良心）にもとづくおこないを示したもの」という解説があります。

つまり、「徳」という字は「素直な心」そのもの、あるいは「素直な心（良心）にしたがった行為」をさします。それを「素心学」では「思いやり」と定義《ていぎ》しています。

「相手にイヤな思いをさせないでおこう」「仲よくしたい」「いっしょに喜ぼう」と思うのは、人としての素直な心です。

そのことを、イエス（紀元前四ごろ～後二八年ごろ　キリスト教の開祖）は「愛」といい、シャカ（紀元前五六六～後四八六年、生没年代に諸説あり。仏教の開祖）は「慈悲《じひ》」といい、孔子《こうし》（紀元前五五一～前四七九年　思想家、儒教の祖）は「仁《じん》」といったのにちがいありません。

「人間の徳性」とは、むずかしく考えることはないでしょう。

その「徳性」の〈徳〉とは、

相手を思いやること。

それは、不快さを与えないこと。

さらには、安心と喜びを与えること。

これらは、いわば人間関係の基本です。

〈徳〉は、本来私たちにそなわっている「素直さ」と、しっかり結びついています。

【要点】

・「徳」は「思いやり」のことです。
・「思いやり」とは、相手に不快さを与えない、安心と喜びを与えることです。
・「思いやり」を向ける順番は、「自分のわがままを出しやすい相手」から。
①家族　②職場の人たち　③お客さま

素心学の体系

根気よく素心に近づく

素心の五行――心を素直にしていくための、おもな方法
素心の実践――社会人として意識すべき「日常の心がけ」二十一項目
素心の学習――「素心学」の学習

こうしたことをくり返していくと、少しずつですが、確実に素心に近づいていくことができます（各詳細は別章にて）。

ただし、根気よくおこなわなければなりません。毎日コツコツとやっていると、自

分では気がつかない変化があらわれてきます。顔つき、態度、言葉づかいなどが、いつのまにか変わってくるでしょう。

しかし、それはいっきに階段をかけのぼっていくというようなものではありません。らせん階段を少しずつ進んでいくようにいつまでも同じ所をグルグルまわっているようですが、歩みつづけると、たしかに上へのぼっていくことができます。

十年でついた心のクセをまっすぐにするには、やはり十年かかるかもしれません。もしも二十年だったら二十年、三十年だったら三十年かかるのかもしれません。

長いあいだについた心のクセを取りのぞき、もとの素直な状態にもどすのにはそれと同じ、あるいはそれ以上の年数がかかるかもしれません。心を素直にするには、それくらいの覚悟が必要です。

しかし、時間がかかりすぎるからと言って、手をこまねいているだけでは、大切な人生の時間が過ぎ去っていくだけでしょう。

素心になるのに、近道などはありません。しかし、方向さえまちがわなければ、必ずたどりつくことができるのです。

素心学の体系

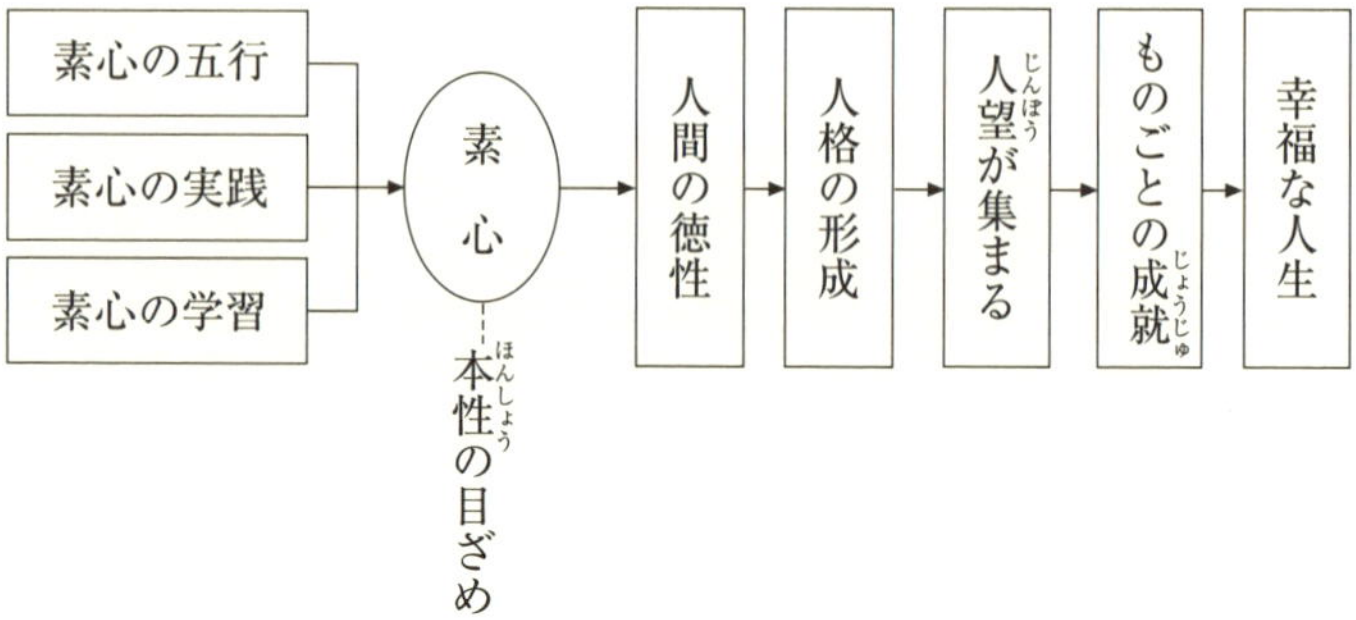

幸福へのプロセス

なお、素直な心になっていくと、心のなかにある「正しく生きるための知恵」があらわれてきます。それは、心をゆがめていたクセがなくなり、人間が生まれたときからそなえている本性《ほんしょう》（生まれつきの正しい性質や考え）がまっすぐに表《おもて》へ出てくるからです。

この正しい本性に目ざめると、まわりの人や自然に対する思いやりができ、品性豊かな人格が形成されます。

そして、「あの人だったら、まちがいない」と信頼され、まわりにもよき人たちが集まってきます。

さらに、なにかをしようとするときには、そうした人たちの支持や協力を得て、社会や自然の流れにそった行動をとることができます。大きな障害もなく、ものごとを成しとげられることでしょう。

「素心の五行」「素心の実践」「素心の学習」をかさねることで、だんだんと「素心」に近づくことができます。すると、生まれつきそなわっている正しい知恵（本性）を目ざめさせ、思いやりのある人間性（人間の徳性）、魅力のある人格がつくられます。すると、まわりの人びとの信頼を集め、支持と協力を得てものごとをなし遂げることができるようになります。

「いまがしあわせだ」と思える人生は、このような過程でつくられていきます。

また、それがそのまま「素心学」を学ぶプロセスとなります。

【要点】

素直になることで、「徳」を身につけ、「幸福」を感じることのできる人生の実現をはかります。

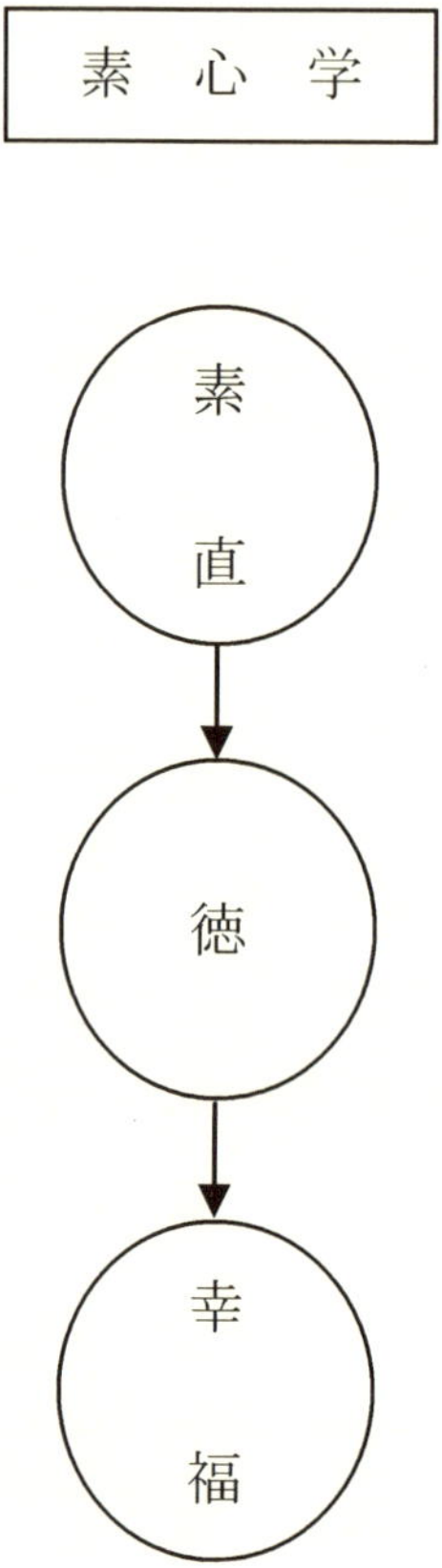

正しく生きるための知恵

人生、いかに生きるべきか――。

その答えは、自分自身のなかに知恵としてちゃんと用意されているはずです。ところが、日常生活に追われ、人間関係でイライラし、私たちはそれをなかなか感じ取ることができません。素直になると、生まれながらにしてそなわっているその知恵（本性）が目ざめ、正しい生きかたができます。

では、私たちが本来もっている知恵とは、いったいどのようなものなのでしょうか。

私は、つぎの五つを考えます。

1、使命感《しめいかん》

2、因縁生起《いんねんしょうき》

3、善悪《ぜんあく》の判断

4、臨機応変《りんきおうへん》

5、自然の分身《ぶんしん》であることの自覚《じかく》

これらはいずれも、知識を修めたり、情報を集めたりすることで得られるものではありません。素直になることで、心をおおっていたフタが取りはずされ、ようやく表面に出てくることができるのです。

1、使命感《しめいかん》

自分の特性《とくせい》（性質や能力など）を知り、それを人生のなかでどう生かしたらよいのか。また、自分が向いていることはなにか、これからしなければならないことはなにか――。それらをしっかりと理解することです。

つまり、自分の「命」をどんなふうに「使」えばよいのか、その答えが「使命感」

です。それをつかむと、とんでもない夢を描《えが》くのではなく、自分の特性に合った夢や目標をもって生きていくことができます。

2、因縁生起《いんねんしょうき》

「世のなかのすべてのできごとは、なんらかの原因があり、意味なく発生するものはない」という意味の仏教用語が、「因縁生起」です。

すべての現象は必要、必然だと考えて、ものごとをありのままに受け入れることができると、その原因は自分自身のなかにもあることがわかってきます。

自分の身のまわりのできごとは、起こるべくして起こっている。突然ふってわいたように見えることも、かならず原因がどこかにあり、それが生みだした結果である。あの人とケンカをしてしまったのも、相手がイライラしているときに、こちらがキズつけるような言葉を投げつけたからかもしれない――。そう考えると、事態を正しく受け止め、相手にあやまったり、自分の言動に注意をはらったりするようになるでしょう。

たしかに、私たちのまわりでは、つぎからつぎへといろいろな問題が起こります。健康のこと、家庭のこと、仕事のこと、人間関係など。そのたびに悩み、もがき苦しんでいます。しかし、それらを生みだしている原因は、案外、自分自身のなかにあることが多いものです。

3、善悪《ぜんあく》の判断

私たちの心には、正しいこととそうでないこととの区別をきちんとつけることのできる判断能力があります。人の喜ぶことをする、困っている人がいたら助ける。ウソをついてはいけない、弱いものをいじめてはいけない、相手に意地悪をしない、など。

ところが、いつのまにかその判断力がマヒしていきます。自分の利益や都合の優先、こだわり、思いこみ、体面、感情の高まり。そして、「知らぬ顔をしておこう」「これくらいは、よいだろう」がだんだんとエスカレートして、人としての道を大きくふみはずすことになってしまいます。自分中心の身勝手な意識が働かなければ、だれもがほんとうは善悪の正しい判断がつくはずです。

さらに、私たちの心のなかには正しいことは進んでおこない、よくないことはそれを正す知恵もそなわっています。

4、臨機応変《りんきおうへん》

さまざまな機会にのぞみ、またそのときどきの変化に応じて、適切な判断や行動ができることです。

心を素直にすると、人が望んでいることや世のなかの変化するようすがよくわかります。ひとりよがりにおちいることもなく、かたよったものの見かたをすることもなく、状況をあるがままに受け入れることができるからです。

人と人との関係で、ギスギスすることなく、うまく調和をはかる。世のなかの流れを見通して、的確な手を打ち仕事を進める。これらは、素直な心であれば、ほんとうはむずかしいことではありません。

自分中心のものの考えかたやせまい知識だけで判断せず、むしろ「直感」で正しい答えを得られることがあります。「直感」は、素直な心から生まれます。

5、自然の分身《ぶんしん》であることの自覚《じかく》

「自分」とは、大「自」然の「分」身であるという自覚を、私たちは日ごろ忘れています。

人は、本来自然のリズムに合った生活を好みます。季節を味わい、美しい自然を大切に思います。しかし、自分もまた「自然の一部」であることを忘れると、自然環境や他者への思いやりを失《な》くしてしまうでしょう。

【要点】

素直になると、生まれながらにしてそなわっている知恵（本性）が目ざめ、正しい生きかたができます。それは、つぎの五つです。

1、使命感
2、因縁生起《いんねんしょうき》
3、善悪の判断
4、臨機応変
5、自然の分身であることの自覚

幸福な人生とは

せっかく生まれてきたのだから、だれもが「しあわせになりたい」と望むのは当然のことでしょう。

では、心を素直にして得られる「幸福な人生」とは、いったいどのようなものでしょうか。

「素心学」でいう「幸福」とは、金持ちになることでも、有名になることでも、ましてや権力を持つことでもありません。それは、なにも特別なことではなく、生きていくうえで、つぎの五つのことを兼ねそなえた状態です。

1、からだが健康である

2、経済的に困ることがない

3、人間関係が良好である
4、精神的に安定している
5、生きがいをもっている

これらのうちのひとつが欠けても、幸福な人生とはいえないでしょう。

そして、ただ望むだけではなく、それへ向けての努力がともなわなければ実現はできません。「素心学」では、その方法を学んでいきます。

また、自分だけの欲求を満たそうとしても、幸福な人生はかなうものではないことを忘れてはいけません。

他の人の幸福を願い、まわりの社会や自然環境との調和をはかることで、はじめて自分自身の人生の幸福も実現できます。


では、その幸福の要件について述べてみましょう。

1、からだが健康である

年齢をかさねてくると、からだのあちらこちらに故障が出てきます。頭痛やめまいを感じないで、スッキリと目ざめることのできた朝はたいへんにありがたいものです。また、私にはいくつかの持病がありますが、それらとうまくつきあっていくことで、いままでに感じることのできなかった幸福を味わうことができています。心身によいことや、健康のありがたさを、病気がしっかりと教えてくれるからです。おかげで、ムリをせず、天からのさずかりものであるからだを大切にあつかうことができています。

生活習慣や食生活の改善、仕事のスケジュール調整などで、自分自身の健康管理はできます。

若いからといって、あるいは、からだが丈夫だからといって、不健康な生活をしていると、幸福を感じることができにくくなります。

2、経済的に困ることがない

「経済的に困らない」とは、家族をやしない、生活に必要なものはある程度は買うことができる経済状態をいいます。他の人に援助してもらわなくてはいけないようでは、経済的に自立しているとはいえません。たくさんのおカネは持たなくても、生活に困らないほどの収入は必要です。

経済的自立は精神的な自立を生み、まわりにふりまわされない生きかたを実現させます。

3、人間関係が良好である

たとえ健康であったとしても、おカネに困ることがないとしても、「家族とうまくいっていない」「職場で同僚や上司とうまくいっていない」ということであれば、しあわせとは言いがたいでしょう。

人を悪く思ったり、憎しみあったりすることもない。信頼できる相手がいて、おたがいに必要なときには相談したり、力を貸しあったりできる。また、身近な人たちとのあいだに、ほのぼのとしたあたたかい空気がただよう。そんな人間関係は、幸福感をさらにふくらませてくれます。

4、精神的に安定している

心配ごとや不安もなく、夜ぐっすりと眠ることができる。イライラしたり、カァーッと頭に血がのぼったりすることもない。気分に大きなムラがなく、おだやかな気持ちで一日を終えることができる。まわりにふりまわされることのない、落ち着いた精神が、幸福を呼びます。

仕事や経営をしていると、また人と人とのかかわり合いのなかで、気持ちがどうしても落ち込んだり、「ああ、つらいな」と思ったりすることはだれにでもあります。

そうした気持ちをいつまでも引きずらずに、サッと切りかえることが、精神の安定につながります。

5、生きがいをもっている

朝起きたときに、「よし、きょうはコレをやろう」という目的や、「アノことが、うれしい」と思える希望。眠りにつくまえに、「一日、よくやった」「あの人が喜んでくれたな」と感じられる手ごたえや充実感。それらが「生きがい」となり、「生きていてよかった」という幸福感へとつながるでしょう。

【要点】

「幸福」とは、金持ちになることでも、有名になることでも、権力を持つことでもありません。特別なことではなく、生きていくうえで、つぎの五つのことを兼ねそなえた状態をいいます。

1、からだが健康である
2、経済的に困ることがない
3、人間関係が良好である
4、精神的に安定している
5、生きがいをもっている

「素心学」の原点

出会いに偶然はない

私の人生の転機になったできごとをお話しします。三十五歳のときに、「素直な心」を意識するようになったきっかけがありました。

ひとりの雲水《うんすい》と出会ったのです。私より十歳年上の砂留良順《すなとめりょうじゅん》さんというお坊さんでした。

行雲流水《こううんりゅうすい》——大空を行く雲のように、大地を流れる水のように、ひとところにとどまらず、また行くえを定めず自由に全国を旅する修行僧が、雲水です。

「人間は一生のうち逢《あ》うべき人には必ず逢える。しかも、一瞬早すぎず、一瞬おそす

ぎないときに」（森信三　一八九六〜一九九二年　教育者、哲学者）

と言われますが、いま思うと、私にとってその人との出会いがまさにそうでした。

当時の私は、十年間にわたる税理士試験の受験を終え、ちょうどこれから「税理士としての仕事に力を入れよう」というときでした。もしも、受験勉強のまっただなかだったとしたら、たぶん旅のお坊さんには見向きもしなかったでしょう。

また、それ以後であれば、いままで苦労をかけてきた家族に経済的なラクをさせたいと考えてガムシャラに働き、それどころではなかったはずです。

このように私にとって雲水との出会いは、早すぎもせず、おそすぎもせず、ぴったりのタイミングでした。

ところで、人との出会いは、決して偶然ではありません。心のとても深いところで、自分ではそうとは気づかないかもしれませんが、その人に「会いたい」と願う気持ちがあるからこそ、その「出会い」が実現するのです。

さて、その雲水は、当時の国鉄（いまのJR九州）戸畑駅の待合室のなかで、法人税法の本を読んでいる私の目の前にあらわれました。ほかにもたくさんの人がいましたが、わざわざ本を読んでいる私に「ちょっと話してもいいかね」と声をかけてきたのです。ことわる理由もとっさに見つからなかったので、「どうぞ」と答えました。

はじめは少し距離をおいて、私は雲水の話を聞いていました。しかし、宗教にはまったく関心がありませんでしたが、断食《だんじき》や滝に打たれて修行をするという話の内容に、だんだんと引きこまれていきました。そして、もっとお話を聞きたいと思い、自宅にお連れしたのです。家にもどると、私のうしろにお坊さんが立っているので、家内はもうビックリしていました。３ＤＫのせまい公団住宅でしたが、泊まっていただき、夜中の三時くらいまでお話を聞きました。

そのとき雲水からは、つぎの三つのことを教わりました。

正法眼蔵《しょうぼうげんぞう》
坐禅《ざぜん》
自然行《しぜんぎょう》

自己を忘れる

雲水は一冊の本を取り出して、私の前にページをひろげました。そして、「ここがいちばん大切なところです。ここを体得したなら、あなたの人生は一変します」と指さすのです。そこには、こう書かれていました。

仏道《ぶつどう》を学ぶということは自己を学ぶことである。自己を学ぶということは自己を忘れることである。自己を忘れるということは、すべてのものごとが自然に明らかになることである。

たいへんにむずかしい内容の文章です。その本は『現代訳　正法眼蔵』（誠心書房）で、上段に訳文、下段に書き下《くだ》し文が載《の》っていました。もちろん雲水は訳文のほうを示して声に出して読みあげたのですが、それでも私にはなんのことやらさっぱりわかりません。

『正法眼蔵』は、道元禅師《どうげんぜんじ》（一二〇〇～一二五三年　日本曹洞宗《そうとうしゅう》の開祖）が仏法《ぶっぽう》の真髄《しんずい》を説《と》いた書ですが、そのときの私は、

正法眼蔵、しょうぼうげんぞう。道元禅師、どうげんぜんじ――。

そう聞いても、ピンときません。雲水は、その文章をさらにゆっくりと声に出して読み、意味を説明してくれました。どうやら「自己を忘れると、すべてがわかる」と書かれているようです。しかし私は、ものごとは知識や情報を集めることですべてが理解できると思っていたのです。ところが、「自分を忘れることで、すべてがわかる」というのですから、どうも合点《がってん》がいきません。

そこで、思いきって「どうしたら自己を忘れることができるのですか」とたずねてみました。すると、「〈坐禅〉と〈自然行〉をつづけなさい。あなたなら、きっとわかるときがくる」と言われたのです。

つぎの日に、雲水は、『正法眼蔵』を残して、ふたたび修行の旅へと出かけていきました。

それ以来、私は、『正法眼蔵』のなかの「自己を忘れる」という箇所をなんども読み返し、教わった坐禅を組むようになりました。また、自然豊かな場所をひとりで旅することもつづけました。これが自然行です。

自然行では、最初のうちは、いわゆる聖地と呼ばれるようなエネルギーの高い場所を選んで歩きました。一年目は、高野山（和歌山県）。つぎの年からは、四国八十八箇所を少しずつまわりました。

こうして、雲水から教わったことを私は実行しつづけました。しかし、頭のなかには「自己を忘れるとは、いったいどういうことなのか」という疑問がずっと残ったままでした。

自我執着《じがしゅうちゃく》からはなれる

それから五年目の夏、私は比叡山《ひえいざん》にのぼりました。その日は、体調もよく、天候にも恵まれて、非常に歩きやすく感じました。山道をどんどん歩きつづけ、気がつくと、もう夕方になりはじめていました。「ここで道に迷っては、みんなに迷惑をかけてしまう」と思い、帰り道を急ぎました。

ところが、草むらのなかでガサガサッと音がして、なにかがあとをついてくるのです。私が止まれば、むこうも止まる。私が動けば、相手も動く。そんなことをくり返しながら、「もう、ここまで来れば大丈夫だろう」と思ったとたん、急に大きな影が飛び出してきました。それは、一匹の大ザルでした。私のほんとうにすぐ目の前を横切って、反対の草むらに姿を隠したのです。

身の危険を感じて「あっ」とおどろいたとき、頭のなかはまっ白でした。そして、つぎの瞬間、「素直」という言葉がひらめいたのです。カメラのフラッシュが光って被写体をくっきりと写し出すように、長いあいだ考えあぐねていた答えがはっきりと姿をあらわしました。

「自己を忘れる」とは、「素直になる」ことだったのです。

さらに、まっ白な心のその奥底から静かにわきあがってくる喜びも感じました。それこそが、「素直な心の状態」にほかならなかったのです。

人は、いつもなにかに執着《しゅうちゃく》しています。ハンカチを手のなかにギュッとにぎりしめているようなもので、そのままではほかになにもつかむことができません。手のひらをひらくと、ハンカチは下に落ちてしまいますが、自由になった手でひろいなおすことも、また新しい別のものをつかむこともできます。

ハンカチをにぎりしめ、こぶしをつくっていた手。汗ばんだその手をひらくと、ハンカチのかわりに心地よいすがすがしさを味わうこともできるでしょう。

私たちは、自我執着からはなれたとき、ものごとをあるがままに受け入れることができるようになります。また頭のなかにいっぱいつめ込んだものが消え去ったとき、心には言いようのない「静かな喜び」がわいてきます。

そのときがまさに「素直な心」で、それは頭だけで考えてもわからず、その心の状態にならなければつかめないものです。

「自己を忘れる」とは、「素直になる」こと。「素直になる」とは、自我執着からはなれるということです。すると、心に静かな喜びが満ちてきます。

また、素直な心をもった人は、相手の言うことに対して「はい、わかりました」、困ったことが起きても「起こるべくして起こった。ありがとうございます」と言うことができるでしょう。

すべてを肯定《こうてい》、すべてに感謝――。そういう心をもった人です。

「自己を忘れる」とは、「素直になる」こと。そして、さらに私は『正法眼蔵』のなかの一節をつぎのように解釈できました。

人として正しい道（仏道）を学ぶには、自分自身を見つめ、自己を正すことからはじめなければならない。自己を見つめ、正すとは、素直になることである。素直になって自我執着からはなれることができると、なにものにもまどわされることなく、すべてのものごとがはっきりと見えてくる。

ものごとはただ理屈だけで考えるのではなく、自然のなかを無心で歩くことでその答えが得られることにも気づきました。

「素直な心」を保つ工夫《くふう》

ところで、比叡山で「素直な心の状態」を体感しましたが、山からおり、日常生活に入ると、心ももとにもどることがわかりました。そこで、そのときの素直な心の状態を保つ工夫を考えたのです。

それが、心のなかに「静かな喜び」を植えつける「素心の五行」です。いずれも、ひとつの行為に集中することで無心になり、「静かな喜び」を味わうことができます。

心を静かにし、目を閉じてすわる（禅的瞑想）
自然の多い場所を歩く（歩行）
からだをやわらかくする（柔体）
文字を写す（写字）
そうじをする（清掃）

心が「静かな喜び」で満たされると、その人の表情や語調、全体の雰囲気にあらわれてきます。表情がやわらかく、やさしい言葉づかいで、そばにいる人たちはきっと心をひらいてくれるでしょう。

なお、つぎのページに二枚の写真がありますが、上は雲水とはじめて出会った翌日に撮ったもの。下の写真は、雲水と最後に会った日のものです。どちらも、雲水と会ったのは十一月二十九日でした。

その十七年のあいだ、雲水は年に一度くらいは旅の途中に立ち寄っていました。きっと、私の「自己を忘れる」ための修行の進みぐあいをたしかめにやってきていたのかもしれません。

最後に会ったとき、雲水から「いっしょに坐禅を組みましょう」と言われました。雲水の肉体はおとろえ、以前にくらべるとひとまわり小さくなったように感じられたものです。しかし、坐禅を組むと、大きな岩のようにたくましく見えました。

「命があったら、来年の桜の咲くころにお会いしましょう」

雲水はそう言って旅に出たきり、もう私の前にあらわれてはいません。しかし、雲水の坐禅を組んだ姿は、いまでもはっきりとおぼえています。

1983.11.30

2000.11.29

駅の待合室のたくさんの人のなかで、雲水は私の前で足を止めました。おかげで、私はそれまでとはちがう生きかたがあることに気づき、幸福な人生にむかって歩きだすことができるようになりました。ものごとの善循環がはじまったのです。

そんなふうに自分が得たものを、ひとりじめにすることなく、これからもだれかに伝えていきなさい——。

雲水は、最後の坐禅の姿を見せることで、そう私に示したのでしょう。

私は、自分が得た「素直な心の状態」、そして「しあわせの法則」を、「素心学」としてみなさまに伝えていこうと思っています。

【要点】

自己を忘れる　＝　素直になる　＝　自我執着からはなれる

＝

心のなかの「静かな喜び」

↑

すべてを肯定、すべてに感謝

自然行　＝　自然豊かな場所へのひとり旅　→　自我執着からはなれる修行

坐禅（禅的瞑想）　＝　心に「静かな喜び」を植えつける工夫のひとつ

第二章　素心のしくみ

――なぜ素直になれないのか

道ばたに咲いている、小さな花。「いつも通《とお》っている道なのに、どうしていままで気づかなかったのだろう」、そう思ったことはありませんか。

また、「素直でありたい」と思うのに、なかなかそうはならない心。「しあわせになりたい」と願うのに、そうではない「いまの自分」。

その心のしくみを、少し掘りさげてみましょう。

心のしくみ

意識があるから「見える」

私たちの心は、どこにあるのでしょう。心配ごとがあると、おなかが痛くなる、胃が痛くなる、胸が苦しくなる、頭が痛くなると、人それぞれです。心は、おなかや胸、あるいは頭のなかにあるのでしょうか。心は目に見えず、特定の器官をもっているわけではありませんが、からだの内側のどこかにあることはまちがいないでしょう。

では、その心とは、どのような作用をするものなのでしょうか。「心のしくみ」についで考えてみましょう。

まず、私たちの心に、外からの情報や刺激が与えられます。それは、「五官」という窓口でキャッチされ、つぎにそれぞれの器官で感覚を生じます。

〈五官〉〈五感〉

眼《げん》→視覚《しかく》
耳《に》→聴覚《ちょうかく》
鼻《び》→嗅覚《きゅうかく》
舌《ぜつ》→味覚《みかく》
身《しん》（皮膚《ひふ》）→触覚《しょっかく》

外からの情報や刺激を受けると、まず五官が働きだします。

たとえば、あなたの前に立って、話をしている人がいるとします。その人は、「外」の存在です。その人が話すことで、あなたに「情報」や「刺激」が与えられ、それを受けて心は動きだします。

「心のしくみ」

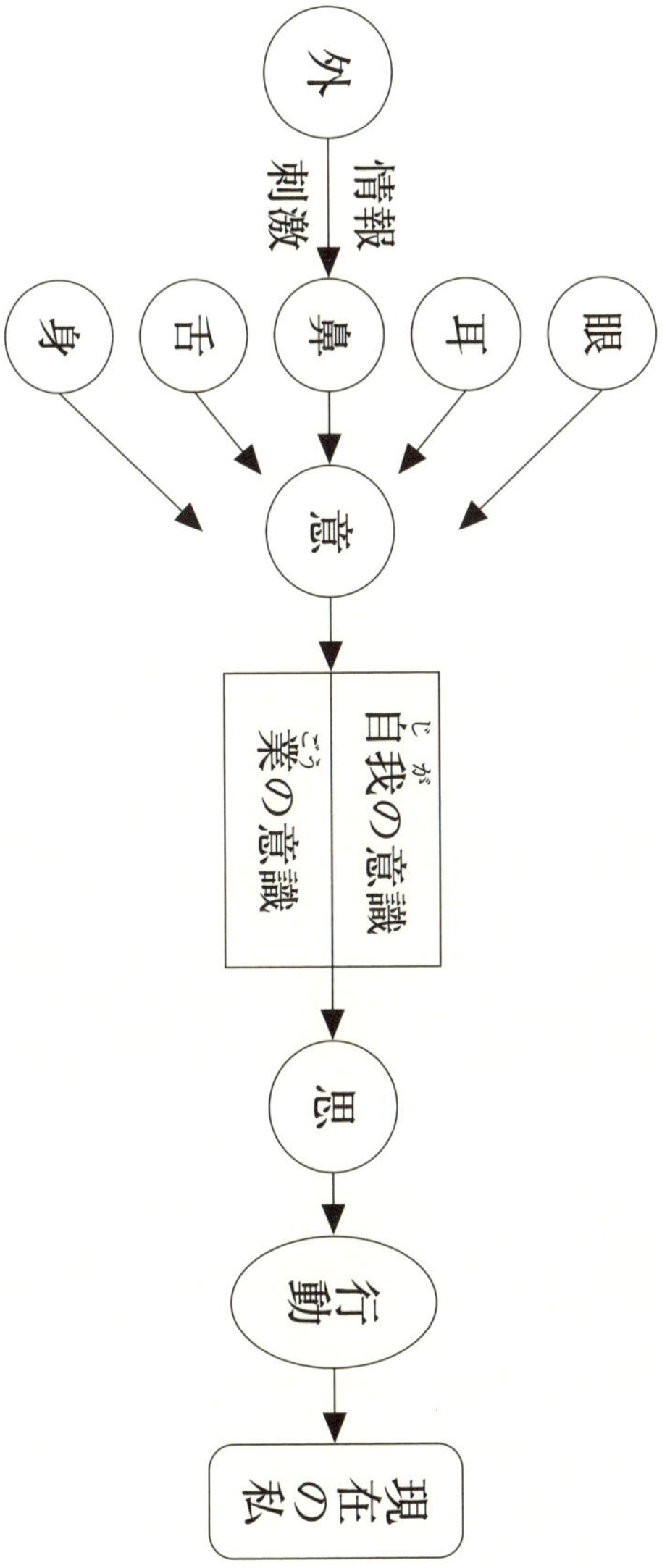
外
情報
刺激
眼
耳
鼻
舌
身
意
自我《じが》の意識
業《ごう》の意識
思
行動
現在の私

心の入り口は五官で、これが心を動かす最初の器官です。眼であり、耳であり、鼻であり、舌であり、からだ（皮膚）です。それぞれが五感（視覚、聴覚、嗅覚、味覚、触覚）を生みます。

ところが、五官そのものだけでは、役割をはたすことができません。耳があるから聞こえているのではありません。また、眼があるから見えているわけでもないのです。前に立って話をしている人に注目し、意識を向けているからこそ、声が聞こえ、姿が見えています。

しかし、なにか別のことを考えてみてください。

どうでしょう、とたんに目の前にいるはずの人の声は聞こえなくなり、姿も遠のくはずです。

いま、あなたが目を通しているこの本の文章も同じです。意識を集中して文字を追っているから、意味が理解できています。耳ざわりな音が聞こえてきたり、仕事のことを考えたり、だれかの顔を思い浮かべたりすると、文字は眼に見えていますが、おそらく内容は頭には入ってこないでしょう。

ところで、私どもの会社では、玄関や階段に季節の花を飾っています。そこを通って応接室に来られたお客さまに、「きょうの花はいかがでしたか」と少々意地悪な質問をすることがあります。

すると、大半のかたが「いやぁ、気がつきませんでした」と答えられるのです。このように花があっても意識がそこに止まらなければ、花は見えません。

つまり、「五官」と「意識」が結びついてはじめて、見える、聞こえる、におう、味わう、感じるという感覚が生まれるのです。

感性《かんせい》が豊かだと、よい景色が見えます。意識をまっすぐに向け、目の前のものをあるがままにきちんと見ることができるからです。

しかし、とぼしい感性では、たとえどんなにすばらしい風景がひろがっていても、その映像が心のなかにはいってくることはないでしょう。

さて、五官と意識が結びつくと、つぎに私たちの心にはさまざまな思いが生まれます。

話を聞いて、「なるほど、そのとおりだ」。文章を読んで、「そうか、そうだったのか」。花を見て、「ああ、美しい」。あるいは、まったくその反対の思いとなるかもしれませんが、なにかを感じ、なにかを考えます。

けれども、同じ文章を読んでも、同じ話を聞いても、人の「思い」はそれぞれにちがいます。そして、それぞれのその「思い」が、行動にあらわされます。

たとえば、朝、散歩をしているときに、向こうから犬がやって来たとします。ある人は、その犬を「かわいい」と思い、別の人は「飛びかかってこられると、こわいな」と思うかもしれません。「かわいい」と思った人は、犬に近づき、頭やからだをなでるでしょう。しかし、「こわい」と思った人は、あとずさりをして道を変えてしまいます。

道ばたの花を見ても、「もうこの花の咲く季節になったねえ」と顔をほころばせる人と、「虫がいるんじゃない？」「花粉が服にくっつきそう」と顔をしかめる人、それぞれでしょう。

思いが「現在の自分」をつくる

同じものを見ても、同じ体験をしても、人それぞれに「思い」がちがいます。そして、人は、その「思い」にしたがった行動をします。

なにかを思うから、人は行動するのです。そして、その「思い」と、そこから生みだされる「行動」をくり返した結果が、「現在の私」をつくりあげます。

私は「素直になりたい」と思ったから、そのような行動をくり返してきました。また、「税理士になりたい」と思い、そのための行動もつづけました。その結果、素心学塾塾長で税理士である池田繁美が、いま、あります。

こうした心のはたらきが、私たちの「現在の姿」をつくっているのです。

また、「いまの自分はしあわせだ」と感じられる人は、正しく思い、正しい行動をくり返してきたはずです。「不幸だ」としか感じられない人は、クセの強い思いかたであったり、その行動にムリがあったりしたのにちがいありません。これまでの「思い」と「行動」のくり返しが、いま「不幸」という形であらわれているのです。

では、なぜ、同じ話を聞き、同じ花を見ても、それぞれに「思い」がちがうのでしょう。

それは、心にフィルターがかかっているからです。このフィルターがあるからこそ、ものごとをあるがままに見ることができずに、一人ひとり異なった思いかたをしてしまいます。

心にかかったフィルターとは、「自我《じが》の意識」と「業《ごう》の意識」です。これらは「潜《せん》在《ざい》意識」と呼ばれます。

このフィルターをとおして、花を見、話を聞き、食事をするから、それぞれ「思い」が異なってしまうのです。

このような心のしくみを理解することが、「素心」へ近づく第一歩となります。

【要点】

私たちの心は、外部からの情報や刺激をまず窓口である「五官」でキャッチします。つぎに「意識」が働き、「思い」を生みます。そして、「思い」が「行動」となり、「現在の私」（現在の自分の姿）をつくっていきます。

ところが、同じものを見聞きしても、私たちは一人ひとり「思い」がちがいます。

それは、心に「自我の意識」と「業の意識」というフィルターがかかっていて、それらをとおしてものごとを見聞きしているからです。

この心のしくみを、まず理解しましょう。

心のクセ（自我《じが》と業《ごう》の意識）

なぜ素直になれないのか

私たちは、「自我の意識」と「業の意識」をもってこの世に生まれてきます。それらが、生きるうえに必要なものだからです。

ところが、だんだんとそのふたつの意識は、必要以上に大きくふくらんで私たちの心をおおってしまいます。これが「心のクセ」となり、私たちの「思い」を変えていきます。

意識されたはずの外部情報が、「自我」と「業」というフィルターをとおることで、そのままストレートに「思い」として伝えられず、ゆがめられてしまうのです。したがって、その後の行動も変わってしまいます。

私たちはだれもが、こうしたクセを心にもっています。だから、素直になれません。ものごとの本質を、まっすぐに受け止めることができなくなっているのです。

ところが、この心のクセは自分では、なかなか気がつきにくいものです。いくら考えても、「どうも、ものごとがうまく運ばない」というのは、そのせいです。自分ではつかみにくい心のクセが、邪魔をしているからです。

この自分では気づかない意識のことを「潜在《せんざい》意識」といい、「自我の意識」と「業の意識」がそれにあたります。その「潜在意識」が心のクセをつくっています。

心のクセ

自我の意識　**業の意識**

自分と他者を区別する「自我の意識」

「自我の意識」には、自分とその他を区別する働きがあります。

むかしから「三つ子の魂《たましい》百まで」といわれ、幼いときの性質はいつまでも変わらないとされていますが、「三つ子」は現代では二歳くらいにあたるでしょう。そのころをすぎると、いわゆる「自我」に目ざめます。「自分」を主張し、「自分」の意志をとおそうとします。おとなになる成長の段階として「自分は自分だ」と認める意識が芽ばえるわけで、それ自体決して悪いものではありません。

また、私は仕事でいろいろなところへ連続して出張することがあります。すると、朝ホテルで目をさまして「ここはどこだろう」と思うことがあります。しかし、「私はだれだろう」と思ったことは一度もありません。それは、心の奥底に「自我の意識」があり、「自分は池田繁美だ」とわかっているからです。もしも、この「自我の意識」がなければ、いったい自分がだれかはわかりません。自分と他人との見わけがつかなくなり、たいへんなことになってしまいます。私たちが生きていくうえに、「自我の意識」は必要なものです。

ところで、みんなといっしょに写真に写ったとします。できあがった写真を見るとき、ほとんどの人がまず「自分」をさがします。そして、自分の写りがよければ「これは、よい写真」、そうでなければ「悪い写真」と決めつけてしまうでしょう。これも、知らず知らずのうちに働く「自我の意識」です。

ところが、こうした「自分を中心とした見かたや考えかた」は、エスカレートして「自分がよければ」という利己主義につながっていく可能性があります。「自分は自分」「そっちのことは知るものか」と、あいだに高い垣根をつくり、しまいには相手とケンカをするようになります。これが「自我」と「自我」との衝突です。

「自我の意識」は、そのままにしておくと、だんだんと自分の陣地をひろげていき、ほかの人の領域にまではいりこもうとします。そこで他の「自我」との衝突が起きます。個人レベルではケンカや言い争いですみますが、国家や民族のあいだでは戦争となります。「自分さえよければ」「自分の会社さえよければ」「自分の国さえよければ」というエゴイズム（利己主義）では、仲よく、平和な暮らしは望めません。

いま、社会が混乱しているのは、大きくなりすぎる「自我」を抑えようとする人が少なくなってきているからでしょうか。

私たちは、「自我」をコントロールし、身近にいる人たちを、まず思いやることからはじめなければなりません。

経験と知識の蔵、「業の意識」

「業《ごう》の意識」は、生まれてからきょうまでの経験や知識をすべて貯蔵してしまう働きがあります。言わば、「心の蔵《くら》」のようなもので、そのなかにいままでの経験と知識をどんどんとたくわえていきます。この意識がもとになり、つぎの新しい行為を引き起こします。私たちは、過去の経験や知識をもとに、考え行動します。

あそこのお店は感じがいいから、また買い物に行こう。この道をとおったほうが、クルマが少なくてスムーズに運転できる――と、いったようにです。

また、同じ一編の詩でも、読む人によって受け止めかたがちがいます。友人といっしょに映画や音楽を鑑賞しても、人それぞれに感想をもちます。それには、本人の資質だけではなく、人生経験やおかれている環境の差も大きく影響しています。人生経験や生活環境は、「業の意識」をつくります。練習をかさねることでスポーツや技能が上達する、たくさん勉強して試験に合格できた、というのも、「業の意識」のなせることです。

しかし、心の蔵にはプラスのことだけでなく、マイナスの知識や経験もはいっていきます。

つらかったこと、苦しかったことなども、すべて意識に記憶されるため、同じような状況になると、すぐに「また、まえと同じ目にあってしまう」と気持ちが落ちこんでしまいます。

ところで、私は子どものころ、体調が悪いときにサバを食べて、からだじゅうにジ

心　の　ク　セ

	自我の意識	業の意識
働　き	自分とその他を区別する働き	過去の行為（経験・知識）をすべて貯蔵する働き
本　質	自分を自分だとしっかり認識する	貯蔵した印象が原因になって、つぎの行為を引き起こす
事　例 （良　い）	泥酔して朝起きたとき、「ここは、どこだろう」と思うことはあっても、「私はだれだろう」はない	いろいろな学習や経験をすることによって、それが生きるための血となり肉となって、人生の道が開かれる
事　例 （悪　い）	・集合写真の例 ・自分中心であり、「自分がよければ」という思い	・サバの例 ・プラスのことだけでなく、マイナス（失敗）もすべてたくわえる
心のクセ （過度な働き）	・高い垣根をつくってしまう習性をもっている ・エゴイズム（自分さえよければ）	・こだわり ・とらわれ ・かたより

ンマシンが出たことがあります。母親からも「あなたはサバを食べるとジンマシンが出る」と言われ、それから「サバは、からだによくない魚」となりました。ところが、おとなになって、出された料理をサバとは気づかずに食べたことがあります。すると、とてもおいしくて、からだにもなんの異常も起こりませんでした。

このように、先入観や、自分だけの価値観をつくりあげてしまい、自分で自分を身動きできないようにしていることがあります。また、「業の意識」が過度に働くと、自分の考えに反することを受け入れられなくなってしまいます。ものごとにこだわりすぎたり、ひとつの考えにとらわれてしまったり、かたよったものの見かたをしたり。これが心のクセです。

なお、「絶対に自分が正しい」「これが絶対だ」と主張する人がいますが、それは自分ひとりの過去の経験と知識というせまい範囲での「絶対」にしかすぎません。「絶対」という言葉は、うかつには使わないほうがよいでしょう。

私たちは、年齢をかさね人生経験をつむことで、人生の味わいはさらに深くなっていきます。しかし、同時に「業の意識」がふくらみ、ものごとの判断や対処のしかたをせばめていないかどうか、立ち止まって考えることも必要です。

心にかかったフィルター

このように「自我の意識」や「業の意識」が大きくなりすぎると、人の意見を受け入れることができなくなり、生意気になって相手と対立します。その傾向は、だれにでもあるものなのです。

私たちが生きていくうえで、自分と他者を区別する「自我の意識」、過去の経験と知識をたくわえてその後の行動に反映させる「業の意識」は、どちらもなくてはならないものです。

しかし、すでに述べたように、これらは私たちが成長する過程で必要以上に大きくふくれあがっていく傾向をもっています。

おとなしかった「自我」は、やがて「自分が大事、自分がいちばん」と主張をはじめます。さまざまな経験や学習をつんだ「業」は、「自分が絶対、自分が正しい」とほかを認めなかったり、「ああ、まえとまた同じ目にあってしまう」と悲観的になったりで、かたくなな心をつくっていきます。

くり返しますが、私たちのなかには「自我」や「業」という心のクセがあり、ものごとを正しく見ているようで、じつは「自我」や「業」という心にかかったフィルターごしにしか見ていません。

言葉をかえると、知らず知らずのうちに自分の心のなかに、「自我」と「業」が大きなカベをつくっているのです。このカベをくずさないかぎり、ものごとを正しく見ることはむずかしいでしょう。

心のクセを取りのぞく、心のなかのカベをくずす。強情さではなく、柔軟さをもつ――。

それは、「心を素直にする」ということにほかなりません。

【要点】

「自我の意識」と「業の意識」が心のクセとなって、私たちがものごとをあるがままに正しく思うことをさまたげています。

心のクセ ＜ 自我の意識
　　　　　 業の意識

自我の意識　→　自分とその他を区別する

業の意識　→　過去の経験、知識をたくわえる

心のクセを取りのぞく　＝　心を素直にする

正しく思う（純粋意識というもの）

いかに思うか

すでに述べてきたように、「思い」が「行動」を生み、その結果「現在の私」をつくりあげます。

たとえば、私は、税理士であり、素心学塾塾長であり、池田ビジネススクールの学院長でもあります。これらは、すべて行動してきた結果です。「税理士になりたい」「素心学塾を開きたい」「ビジネススクールをつくりたい」と思ったから、そのための行動を起こしてきました。その結果が、「現在の私」です。

医者になって、病気の人を救いたい。看護師になって、患者さんの苦痛をやわらげたい。大工さんになって、住み心地のよい家をつくりたい。学校の先生になって、りっぱな子どもたちを育てたい。そうした思いが、どういう知識や技術を学ばなければならないのか、どのような心がまえが必要なのか、そのためにはどうするのか、と、その人のその後の行動を決めていきます。

人の「思い」は、人生の幸、不幸を左右するといっても過言ではありません。正しく思えば、正しい行動を起こし、「幸福な人生」となります。

しかし、正しく思わなければ、まちがった行動に走り、不幸な人生をまねくことになるでしょう。「いま、自分があまり幸福ではない」と感じている人は、これまでの「思いかた」にどこか問題があるはずです。

『論語』のなかには、「七十歳になってようやく、心からわいてくる思いにしたがっても、人としての正しい道をふみはずすことはなくなった」（七十にして心の欲するところにしたがいて、矩《のり》をこえず）と書かれています。あの孔子でさえ、正しく思うことのむずかしさを説いています。

したがって、つねに「思いかたにまちがいはないのか」と自分自身をふり返り、「正しく思う」ための訓練を積みかさねなければ、私たちの人生は大きくネジまげられることでしょう。いかに思うか、そのことによって人生の形が変わります。

顕在《けんざい》意識と潜在《せんざい》意識

さて、私たちが「こうしたい」「ああしたい」と願うとき、その思いははっきりと胸にきざまれています。また、ノートや紙に書きぬき、目に見えるようにして、なんども自分に言い聞かせ、そのように気持ちを高めていくこともあるでしょう。

こうした自分自身で明確にわかる心の働きは、「顕在意識」と呼ばれています。

それに対して、自分ではまったく気がつかないうちに働いてしまう意識を「潜在意識」といいます。

これが、前節で説明した「自我の意識」と「業《ごう》の意識」です。

私たちの心は、本来すべてをあるがままに見ることができるように透明でうすいレンズをもっています。

ところが、いつのまにか「自我」と「業」という意識によって、色が濃くつけられ、表面の凹凸《おうとつ》もはげしくなっていきます。

すると、色がついた度の強いメガネでしか、ものごとを見ることができなくなります。もはや、実体とかけはなれた姿しか目に入ってきません。

自分を自分だとしっかり認識する「自我の意識」。

過去の経験や知識をインプットする「業の意識」。

これらを私たちはもって生まれ、どちらも生きるうえで必要な働きをしています。

ところが、そのままにしておくと、だんだんとふくれあがって「心のクセ」となってしまいます。

「自我の意識」は他人を排除し、「自分さえよければ」という考えになります。

また、「業の意識」は先入観やこだわりを生み、ガンコな人間をつくりだしてしまいます。

したがって、大きくなる「自我」と「業」の意識にまどわされず、ものごとをあるがままにとらえて、正しく思い、正しく行動することが大切になってきます。

しかし、この「自我」と「業」は、私たちの自覚できない潜在意識なのです。「わがままにならないようにしよう」「こだわらないでいよう」という強い気持ちで、ある程度はコントロールできるかもしれません。

けれども、そこには限界があり、それ以上は私たちの意志がおよびません。「潜在意識」とは、本人の考えとはまったく関係なく、勝手に働いてしまう意識だからです。

たとえば、「タバコをやめよう」と決心したとします。これは、はっきりと表面にあらわれた「顕在意識」です。

ところが、数日たつと、「自分のからだなのだから、かまわないじゃないか」とか、「いままでずっと吸ってきたのだから、急にやめてもいけない」などという勝手な理屈で、それをくつがえしてしまいます。「弱い自分」に負けたということですが、「自我」と「業」の「潜在意識」が働いたのにほかなりません。

根深く心の奥底にひそむ「潜在意識」の力は大きく、それをコントロールしないかぎり、タバコをやめることはできません。

人間を動かす純粋意識

それでは、このやっかいな「潜在意識」をどのようにすればコントロールできるのでしょうか。

私たちの自由にならない「潜在意識」は、表面的な意志や願望でコントロールすることはできません。これを可能にするには、やはり私たちの手の届かない「意識」の働きを借りる必要があるでしょう。

ところで、人間のからだの筋肉は、手や足などのように自分で動かすことのできる随意筋《ずいいきん》と、内臓や血管のように本人の意志とは関係なく働く不随意筋《ふずいいきん》とからなっています。

では、人間の意志の支配を受けない心臓や肺の筋肉は、なにによって動かされているのでしょうか。また、内臓や血管は、なににしたがって、私たちが眠り込んでいるあいだも休みなく働いているのでしょうか。

それは、脳から出されている指令かもしれません。では、その脳を動かしているものとは、いったいなんなのでしょう。

そう考えてくると、人間は自分たちの意志だけで生きているわけではなく、なにかによって生かされているように思えます。

それは、私たちの思いや意志が届かない存在なのでしょう。「魂」といってもよいかもしれません。また、「宇宙のエネルギー」や「神」と呼ぶ人もいるでしょう。

「顕在意識」とも「潜在意識」ともかけはなれたそれを、素心学では「純粋意識」ということにします。

心の表面で働く「顕在意識」。

心の奥底で根深く作用する「潜在意識」。

心のなかのさらに深淵なところで人間の存在を支えている「純粋意識」。

「潜在意識」を正しく、しかも自動的にコントロールするには、それよりもなお一層深く心のなかにひそんでいる、この「純粋意識」を活用しなければなりません。

正しく思い、正しく行動する。そのためには、この「純粋意識」の存在に気づき、それを信じ、磨いていくことが必要となります。

そのままにしておくと、「自我」と「業」は大きくなる一方で、私たちは道からはずれた生きかたをしてしまいます。これに歯止めをかけてくれるのが、「純粋意識」です。「純粋意識」とは、なにも考えない、なにも思わない、静かで澄みきった美しい心の状態です。

私たちは、いつもなにかを思い、なにかを考えています。すると、そこには、どうしても「自我」や「業」の意識が働いてしまうのです。

頭のなかからいっさいの言葉が消え去った、思考のない状態。

そうしたときに、私たちの心は、「自我」や「業」にさまたげられることなく、正しい思いをいだくことができます。

【要点】

純粋意識（潜在意識よりもさらに心の奥深くにある、静かで澄みきった美しい意識）

←

自我と業（潜在意識）のコントロール

←

正しい思い

←

正しい行動

第三章

素心の五行《ごぎょう》

――「素直さ」を保つ工夫

ひとつのことに集中することで、無心になり、やがて心が素直になっていきます。その行為《こうい》を、素心学では「素心の五行」と言っています。

「ただひたすら○○する」ことで、無心になる。すると、心のなかに「静かな喜び」がわいてくる。それをコツコツとくり返し、「静かな喜び」を心に根づかせていくことが、大切です。

静かな喜びを植えつける

純粋な心へと導《みちび》く

なにもしなければ、私たちの心は「自我」や「業《ごう》」にまみれたままで生きていくことになります。しかし、「素心の五行」で、それらのアカを落とし、「純粋意識」へと導くことができます。

自分のことしか考えられない「自我」や、せまい視野にとらわれてしまう「業」の意識とはちがい、「純粋意識」は他人を思いやり、その幸福さえも願うことのできる利他的な心の働きです。

そのような純粋な心を、私たちは生まれもってきているはずです。私たちの心は、生まれたときは白紙の状態です。しかし、年を取るにつれ、まるで新聞の紙面のようにたくさんの文字がそこに並べられていきます。それでもなお、その上に書き込みがつづけられるので、心の紙面はとうとうまっ黒になり、そこに書かれていた文字がなんだったのかが、もうわからなくなってしまいます。

これでもか、これでもかと、つぎつぎに書き込まれる文字やインプットされるデータ。それらがつもりかさなって、生きるうえでほんとうに必要な情報をうめつくし、さらには心をゆがめるクセとなります。

この「心のクセ」を消し去り、心をいったん白紙にもどすために、「素心の五行」をおこないます。その私たちが生まれたときの白紙の状態の心こそが、「素心」にほかなりません。

さて、つぎの五つが「素心の五行」です。

いずれも、「ただひたすら、〇〇する」というように、ひとつのことに集中する行為です。

素《そ》心《しん》の五行

写　字（しゃじ）

柔　体（にゅうたい）

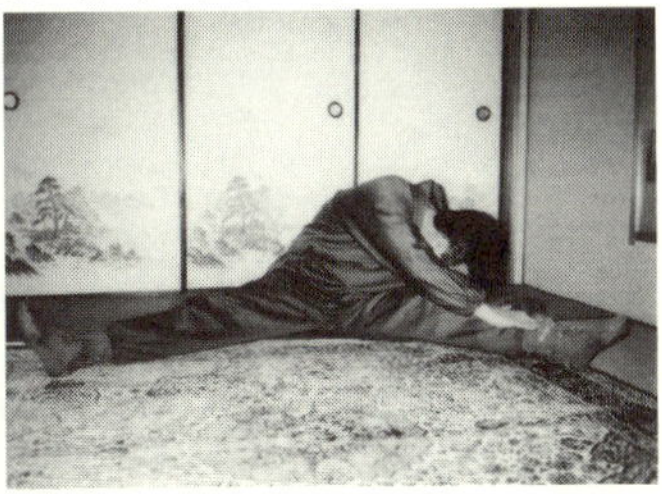

禅的瞑想（ぜんてきめいそう）

歩　行（ほぎょう）

清　掃（せいそう）

禅的瞑想《ぜんてきめいそう》（ただひたすら、心のなかで数を読み瞑想する）
歩行《ほぎょう》（ただひたすら、歩く）
写字《しゃじ》（ただひたすら、文字を書き写す）
柔体《にゅうたい》（ただひたすら、からだをやわらかくする）
清掃（ただひたすら、掃除をする）

これらの行為を通して、無心になることが「素心の五行」です。
なお、「素心の五行」にはそれぞれつぎのような副次的効果があります。

禅的瞑想　（集中力がつく）
歩行（運動不足の解消）
写字（きれいな字が書ける）
柔体（からだがやわらかくなる）
清掃（身のまわりがきれいに掃除される）

しかし、これらはあくまで副産物にしかすぎません。無心になって「ただひたすら、○○する」という行為をつづけた結果、そのような効果もあらわれるのです。「素心の五行」の第一の目的は、「無心になる」ということです。そのことを忘れないようにしないと、単なる散歩やストレッチング、字の練習ということになってしまうでしょう。

無心になると、「静かな喜び」がわく

なにかに熱中していて「われを忘れる」とよく言いますが、ひとつのことに集中していると、だんだんと「無心」になることができます。思考が停止し、なにも考えない、なにも思わない状態が生まれるからです。

「素心の五行」は、ひとつのことに集中し、無心になる訓練です。

私たちは、いつもなにかを思い、なにかを考えています。そうしたときは、つねに緊張感がある状態です。しかし、いったん思ったり考えたりすることをやめると、張

素心（純粋意識）の過程

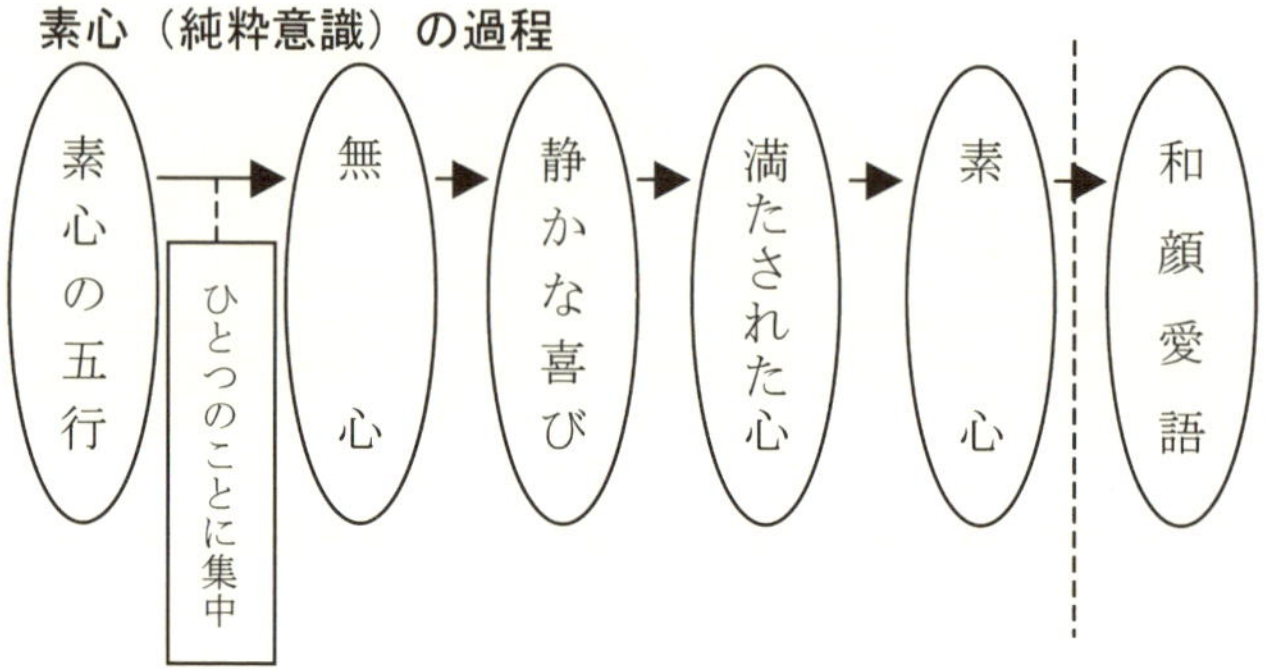

りつめた心がときほぐされ、言いようのない「すがすがしさ」がわいてきます。これが「静かな喜び」です。

すると、ギザギザに欠けた心のふちが、なめらかにおだやかになっていきます。いびつにゆがんだ形が、丸くやさしくなっていきます。かたくちぢこまった心が、やわらかく豊かになっていきます。このまるく、やわらかく、大きな心の状態が「素心」です。

心は目には見えませんが、しかし顔にあらわれます。その人が使う言葉にも、はっきりとあらわれます。顔は、心です。言葉もまた心なのです。

したがって、「素心」になると、外面にあらわれてきます。表情はやわらかく、品があり、その人のまわりに人が寄ってくるようになります。言葉もていねいでやさしく、あたたかみがあり、やわらいだ雰囲気がただよっています。そうした人を「和顔愛語《わげんあいご》」の人といいます。

反対に、心のすさんでいる人は、けわしい表情であったり、思いやりを欠いた言葉づかいであったり、トゲトゲしい雰囲気をもっています。自分の利益に結びつくことだけを喜びとしたり、人をさげすんだり、うらんだり、そんな心の動きがおもてにあらわれてしまいます。

ところが、心が「静かな喜び」で満たされていると、「はい、わかりました」と相手を受け入れることができます。また、たとえ困ったことが起きたとしても、「必然、必要。決して偶然ではなく、なくてはならないこと、起こるべくして起きたことだ。ありがとうございます」と、自分のなかに原因を見つけ、それに気づくことができたと感謝の気持ちがわいてきます。これが「素心」です。

頭ではなく、心で感じる

ところで、この心のうちの「静かな喜び」は、頭で理解しようとしても、なかなかピンとはきません。自分で実際に感じ取らなければ、その感覚は体得できないものです。毎日少しずつ、その「喜び」を心のヒダにしみ入らせる。すると、川が海にそそぎ込み満々《まんまん》と水をたたえるように、やがて心のなかが「喜び」に満ちあふれてくることでしょう。

といっても、一度に「素心の五行」をすべて実行するのはむずかしいことです。できれば、つぎの節で述べる「禅的瞑想」と、他の四行（歩行、写字、柔体、清掃）のうちのひとつを並行していくことが望まれます。しかし、まずは、いずれかひとつでも取り組みはじめましょう。

すると、一年、三年、五年とつづけていくうちに、心がととのい、「満たされた心」になっていきます。私は、十年ほどたったときに、日常生活のなかでも「静かな喜び」が心にひろがっていることを感じました。

はじめのうちは「素心の五行」のときにだけ、心がおだやかになり、静かな喜びを感じることができます。日常生活にもどると、やはりイライラしたり、腹を立てたり、人を悪く思ったりするのです。

しかし、「五行」をやっては日常生活にもどる。おだやかで素直な心の状態になっては、イライラし心乱れる。また、「五行」で心をととのえる。こうしたことをくり返していくと、いつかかならず「素心の五行」の心の状態が日常生活でも保つことができていると気づくときがやってくるでしょう。

コツコツとつづけていくと、黒くいびつだった心が、まっ白で丸い心へとなっていきます。毎日、風呂にはいり、からだのアカを洗い流すように、「素心の五行」で感じた「静かな喜び」を植えつけていくことで、心のアカを落とすことができるのです。それは一気にではなく、徐々に、です。理屈を頭で理解するのではなく、実際に自分の心とからだで感じ取らなければなりません。

ところで、「禅」は、古代インドの「ディヤーナ」という言葉から来ていて、そもそもは「心を統一する」という意味だそうです。その修行には、からだを動かさず静かに心を統一する方法（静禅《せいぜん》）と、動きながらおこなう方法（動禅《どうぜん》）があります。これを「素心の五行」にあてはめると、つぎのようになるでしょう。

禅

静禅 ―― **禅的瞑想、写字**

動禅 ―― **歩行、柔体、清掃**

心を統一するとは、ひとつのことに集中して無心になるということです。「素心の五行」では、そのことで感じられた「喜び」を、さらに根気よく心のなかに定着させていきます。やがて「静かな喜び」で満たされた心は、素直な心（素心）となり、柔和な表情と相手をいつくしむ言葉づかい（和顔愛語）の人をつくることでしょう。

なお、「素心の五行」は、本来、ひとりきりでおこなうものです。他の人といっしょだと、自分と他人とを区別する「自我」がどうしても顔を出すからです。自分を中心とした意識が、やはり働いてしまいます。

しかし、慣れるまでは、同僚や親しい人たちといっしょに取り組んでみるのもよいかもしれません。そして、コツがわかったら、なるべく早い段階にひとりで実行するようにしましょう。

【要点】

素心の五行（禅的瞑想《ぜんてきめいそう》、歩行《ほぎょう》、写字《しゃじ》、柔体《にゅうたい》、清掃《せいそう》）

①ひとつのことに集中することで、無心になる。

②静かな喜びを感じ、それを心に植えつける。

③心のなかを、その喜びで満たしていく。

↓

〈日常生活に定着させる〉

人の言うことに対して「はい、わかりました」、困ったことが起きても「ありがとうございます」（素心）。

柔和な表情、やさしい言葉づかい、やわらいだ雰囲気（和顔愛語《わげんあいご》）。

禅的瞑想《めいそう》

禅的瞑想の三段階

素心学は、「禅的瞑想」にはじまり、「禅的瞑想」に終わるといっても言いすぎではありません。「禅的瞑想」は、「素心の五行」のなかでもいちばん重要です。

これは、東洋の坐禅《ざぜん》と西洋的な瞑想を組み合わせた素心学的トレーニング法で、いわゆる「坐禅的な瞑想」です。特別な宗教的意味合いがあるものではありません。心を落ち着かせるための有効な方法として取り入れています。

この「禅的瞑想」は、コツをつかみ、いったん生活習慣のなかに取り入れてしまうとなんでもありませんが、そうなるまでがなかなかむずかしいようです。
「禅的瞑想」をしていると、雑念がわき、思いがほかへ飛んでいくことがあります。そして、はじめのうちは、どうしてもそのことを連鎖的に思いつづけてしまいます。
しかし、訓練によって、つぎつぎにわく思いを、「思っては、すて。思っては、すて」と、あざやかに切りすてられるようになります。このことを「前後裁断《ぜんごさいだん》」といいます。

つぎに「禅的瞑想」の具体的な方法を述べますが、その要領で朝晩にそれぞれ十五分間ずつ、毎日つづけることがなによりもの訓練です。いきなり十五分でなくても、三分、五分、十分と、少しずつ時間を延ばしていってかまいません。

さて、「禅的瞑想」は、「調身《ちょうしん》」「調息《ちょうそく》」「調心《ちょうしん》」という三段階からなります。「調」という字は、「調整」や「調和」と用いられるように「ととのえる」という意味をもっています。

1. 調身 ↓ まず、身《み》（姿勢）を調《ととの》える
2. 調息 ↓ つぎに、息（呼吸）を調える
3. 調心 ↓ すると、心が調う

1. 調身（身をととのえる）

身を調《ととの》えるうえで大切なことは、腰骨から頭にかけて一直線に伸ばすことです。素直な心とは、心にクセがなくまっすぐな状態にほかなりません。姿勢がまっすぐでないと心もまっすぐにはならないでしょう。

このことを「心身一如《しんしんいちにょ》」（心とからだは、ひとつである）といいます。

① 腰の骨を立てる

イスに腰かけておこなう場合には、からだを背もたれにあずけないようにします。

床の上でおこなうときは、座ブトンをふたつに折って尻の下に敷くと、からだが安

床に座る姿勢

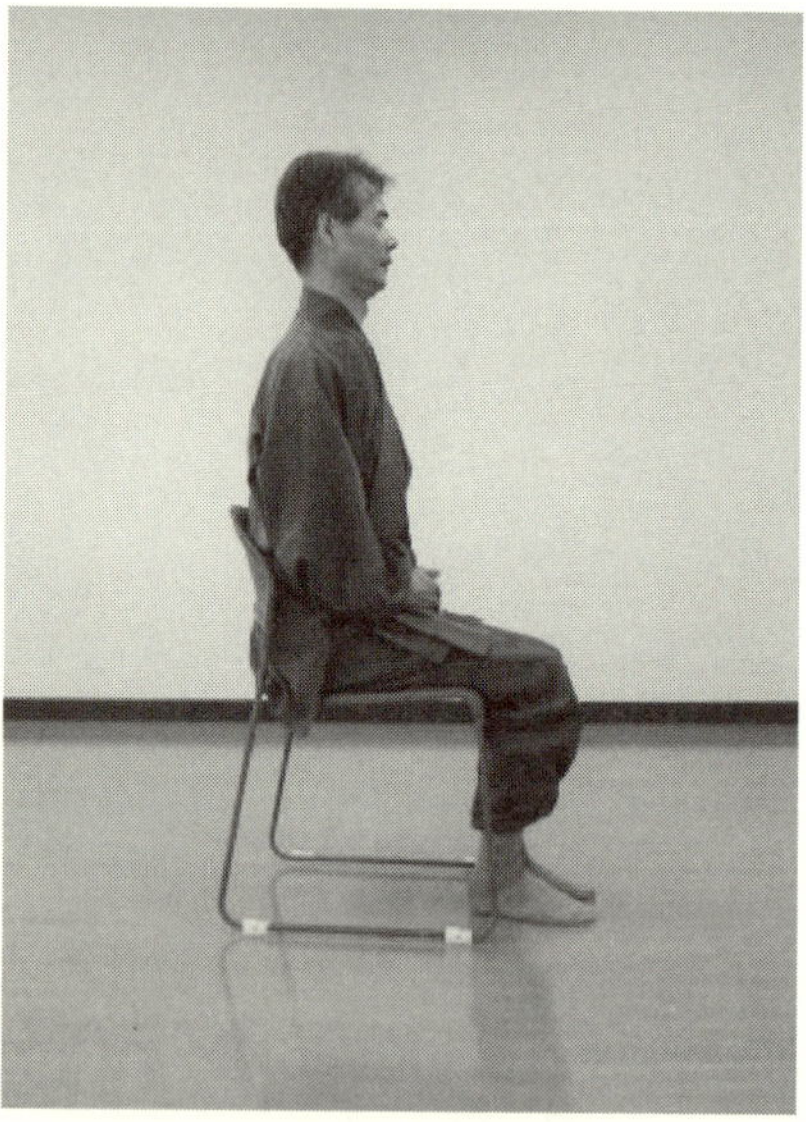

イスに腰かける姿勢

定します。あぐらをかく要領で、左足の先を右足の太もものつけ根あたりに置いてすわります。

腰骨をまっすぐに立てることで、自律神経が働きやすくなります。

② 両手の指を軽く組み、ヒザに置く
指を組んだ両手を、そのままヒザの上に落とします。

③ アゴをひく
一メートルくらい先の床を見るようにすると、ちょうどよいでしょう。アゴがあがっても、うつむきすぎても、姿勢がくずれてしまいます。時間がたつと、瞑想中にだんだんと頭がさがってくるので注意しましょう。

④ 肩の力をぬく
腰骨を立て背すじを伸ばしますが、からだ全体に不要な力は入れません。肩の力を

ぬき、リラックスします。

⑤ 目を軽く閉じる

意識の集中をはかるために、軽く目をつぶります。まぶたの裏に、外のあかりがほんのりと感じられるくらいに。

強く閉じると、表情がけわしくなり、力《りき》みも出てきます。

⑥ 眉間《みけん》にシワをよせない

目を強く閉じたり、なにかを考えたりすると、マユとマユとのあいだ（眉間）にシワがよってしまいます。

くわしくは「調息」のところで述べますが、なにも思わず考えず、そして連想を断ち切るようにします。

⑦ 柔和《にゅうわ》な表情を心がける

表情をやわらかく、おだやかにすると、心もそのとおりになってきます。やさしい表情で、禅的瞑想をおこないましょう。

心のクセは、からだにもあらわれます。反対に、姿勢をまっすぐにすることで、心のクセもまっすぐになります。これが、素直な心の姿で、はたから見ても美しいものです。

この姿勢で、つぎは呼吸をととのえていきます。

2. 調息（息をととのえる）

腹式呼吸、おなかで息を調整します。

口をつむり、呼吸は鼻でおこないます。鼻からゆっくりゆっくりと息を吐いていきます。

それと同時におヘソの下のほうを、へこませます。おなかのなかのよどんだ空気をしぼり出すように、またおなかが背なかにくっつくくらいまで、しぼませるイメージで。

息を吐ききったら、スゥッと軽く吸います。そのとき、新鮮な空気を入れるつもりで、おなかをふくらませます。

吸うよりも、吐くほうが大切です。時間配分も、吐くのが五とすれば、吸うのは一くらいの割合です。

「呼吸」の「呼」という字は、「よぶ」以外にも「息をはく」という意味をもっています。「は（呼）いてから吸う」のが「呼吸」にほかなりません。

また、呼吸するときに数を読むことに集中し、なにも思わない、なにも考えない状態をつくります。

〈呼吸のしかた〉

① 鼻から息をゆっくりと吐き出し、それにあわせておなかをへこませていく。

② 息を吐ききったところで軽く吸う。それと同時に、おなかをふくらませる。

③ 数にあわせて、ゆっくりと呼吸する。

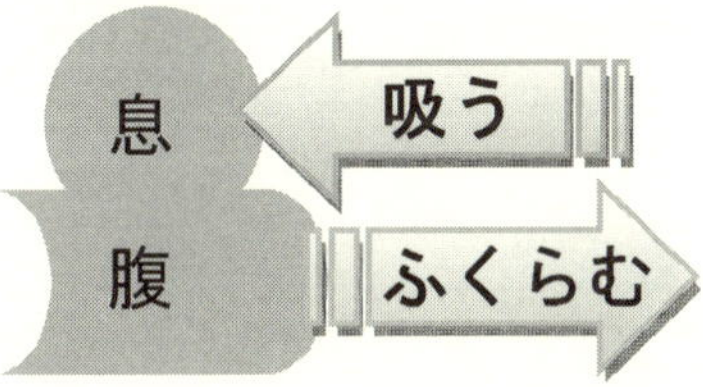

ポイントは、ゆっくり呼吸をするということです。鼻の頭にチリ紙をつけたとしても、それが呼吸で動かないくらい、静かに息を吐き、吸います。

なお、意識を集中させるために「ひとつ」「ふたつ」「みっつ」と心のなかで数を読みますが、「ひとー」と数え出すときに、息を吐き出しながらお腹をへこませます。そして、「つ」というときに、息を吸い、おなかをふくらませます。ゆっくりと数を読み、それに合わせて腹式呼吸をおこなうのです。

この「数にあわせて呼吸をする」というのが、「調息」での、もうひとつの大きなポイントとなります。

「ひとぉーつ、ふたぁーつ」と数え、「とぉーお」まで行ったら、また「ひとぉーつ」とはじめます。これを十回くり返すと、十五分間です。途中で、なにかちがうことを思いはじめたら、そのイメージをかき消して、また「ひとぉーつ」と数を読むことにもどりましょう。

〈数の読みかた〉

ひとぉーつ（一つ）
ふたぁーつ（二つ）
みぃーつ（三つ）

よぉーつ（四つ）
いつぅーつ（五つ）
むぅーつ（六つ）
ななぁーつ（七つ）
やぁーつ（八つ）
ここのぉーつ（九つ）
とぉーお（十）

〈数の読みと呼吸のしかた〉

数	ひとぉー ふたぁー	つ つ
腹	へこませる	ふくらませる
息	ゆっくり吐く	軽く吸う

はじめのうちは、「みぃーっ」「よぉーっ」までで、なかなか先へは進まないかもしれません。

しかし、子どものころ、自転車に乗る練習をしたことを思い出してください。来る日も来る日も練習していると、だんだんとハンドルのふらつきがなくなり、スムーズに前へペダルをこぎ出すことができるようになります。それと同じです。根気よく、訓練しましょう。かならず、先へ進むことができるようになります。

3. 調心（心をととのえる）

なにも思わず考えない、なにものにもふりまわされない、いわゆる無心の状態が、いちばん心が安定し、ととのっているときです。

人間は、いくつものことを同時に思ったり、考えたりはできません。そこで、数を読むことで、それ以外のことに意識が向かないようにします。たとえ、なにかを思ったとしても、その思いを引きずらずに、頭のなかをカラッポにし、数を読むことに、また意識をもどします。

このようなトレーニングをしていくと、日常生活や仕事のうえでも、不愉快な思いや落ち込みそうな気分を引きずらずに、うまく気持ちを切りかえることができるようになります。

また、集中力が身につきます。

「禅的瞑想」をはじめると、なかなか数に集中できないと感じられる人がほとんどです。じつは、それがふだんの私たちの姿そのものなのです。私たちは、いつも「あれや、これや」と考えごとをしながら仕事や生活をしています。したがって、意識が散漫になっています。仕事のできる人には、集中力があるものです。その集中力を「禅的瞑想」で身につけていきましょう。

あれこれとさまざまに思いをめぐらし、まわりにふりまわされそうになる心。つねになにかを追いかけていないと不安になる心。「禅的瞑想」をくり返すことで、心は安定し、調《ととの》っていきます。

4. 心の置きどころ

ところで、いつまでたってもこの「禅的瞑想」がなかなかできない、という人がいます。三分間ももたない人は、おそらく日常生活でも心が安定している状態が少ないからでしょう。注意力散漫で、集中力に欠けます。気持ちが落ち着いていないから、ミスや失敗をよくします。

私どもの会社では、毎日朝礼まえにイスに腰かけて瞑想をしています。たった五分間ですが、社員全員で瞑想し、それから掃除にとりかかります。心を落ち着かせ、身のまわりをきれいにします。そうすることで、ムダがなくなり、整然と仕事をおこなうことができます。

ある運送会社では、禅的瞑想に取り組んだ結果、事故の件数が減ったとも聞きます。

私たちは、ふだん「自我」の心をもったまま生きています。なにかことが起きるとすぐにふりまわされ、イライラします。

しかし、「禅的瞑想」を毎日くり返すことにより、表情も語調もやわらかくなり、外部環境にふりまわされない心をもつことができます。

なんどもなんども、なにも思わない、なにも考えない状態（無心）になり、「静かな喜び」を感じていると、それが泉のようにわき出てくる、心の置きどころをやがてつかむことができます。それが「素心」であり、「純粋意識」です。「禅的瞑想」で、いつもそこに自分の心をもっていくことを目ざしましょう。

なお、やってみると、「禅的瞑想」のほんとうのむずかしさがわかります。しかし、やらなければ、「静かな喜び」を味わうことも「素心」に近づくこともできません。朝晩、十五分間という時間をつくり、みずからの心をしつけていきましょう。

【要点】

禅的瞑想　（毎日、朝晩十五分、根気よくくり返す）

1、調身（腰骨を立てた正しい姿勢）
2、調息（数にあわせて、ゆっくりと呼吸）
3、調心（なにも思わず考えない、安定した心）

禅的瞑想に集中することで、心のなかに静かな喜びがわいてきます。
その状態をつかみ、そこにいつも自分の心をもっていくようにしましょう。

自然行《しぜんぎょう》

自然行への誘《いざな》い

私は、三十五歳のときに出会った雲水から、「自己を忘れる」（素直になる）ために「坐禅」と「自然行」をすすめられました。

坐禅は、「禅的瞑想」と形を変え、その後の「素心の五行」の中心となっています。

なお、自然豊かな場所をひとりで旅する「自然行」について、雲水はつぎのように言いました。

大自然のなかに身を置くと、おのずと正しく生きるための知恵がわいてくる。

答えは、自然が出してくれる。

当時は、なんのことかはさっぱりわかりませんでした。しかし、五年後に比叡山で「自己を忘れるとは、素直になることだ」と気づき、同時にその「素直な心」の状態を体感できたときに、雲水の言うことがはじめて理解できたのです。

ところで、人との出会いに偶然はない、と思います。心の奥底で必要としている人と、かならず出会うことができます。しかし、こちらにその準備ができていないと、せっかくのチャンスもつかめないでしょう。

大田黒博《おおたぐろひろし》さん（当時・若松信用金庫理事長）との出会いでも、その思いを強く感じました。

雲水と出会い、そして『正法眼蔵』の一節が私の人生を変えた——。

そう、拙著『素心学——指導者の修養』（ビジネス社刊）のなかに書いたところ、たまたま大田黒さんの目にとまり、それから親しくおつき合いをさせていただくようになりました。大田黒さんは、若いころから『正法眼蔵』を精読し、道元禅師の流れをくむ高僧・村上素道《そどう》老師（一八七五～一九六四年）にも弟子入りしておられました。

あるとき、その大田黒さんから、「村上素道老師が再興した、熊本県菊池《きくち》にある鳳《ほう》儀山《ぎさん》の聖護寺《しょうごじ》へ行くとよいですよ」と言われたのです。そこで、さっそく私は、その夏の自然行で、その山に向かうことにしました。

鳳儀山《ほうぎさん》へ

朝早く最寄《もよ》りの駅から熊本までJRで行き、熊本駅から菊池までバスに乗りました。そこから、聖護寺まで山を三つほど越え、美しい自然のなかをひとりで歩いたのです。

ふつうは道を定めず、ひたすら歩き、疲れたらすわって瞑想をし、日が沈めば近くに宿をとるという具合ですが、この日ばかりは聖護寺へたどり着くという目的がありました。道行く人やお店で道をたずねると、「聖護寺までは、そうとう遠かよ」「ここまで、ほんとうに歩いてきたとね」と、そのたびに驚かれました。

かつてダム建設にともなって整備されたという国道をのぼり、トンネルをいくつかぬけると、川のほとりへ。橋のたもとで、ようやくそれらしい案内板を見つけることができました。

しかし、それから先が、まだまだたいへんだったのです。曲がりくねった坂道を行き、さらに標高七百メートルの鳳儀山への山道を歩かなければなりませんでした。次第にヒザが熱をもちはじめ、痛みを感じるようになりました。もうだれも通る人はいません。

セミの声、ときおり思い出したように吹く風の音。草のにおい、緑の深さ、空の広さ。時間が止まり、自分もまた自然の分身であることを感じます。

なお、自然行では腕時計をもたないので、太陽の位置で時を知るしかありません。日がかたむきはじめたとき、やっとの思いで聖護寺に到着することができました。そして、その夜は、お寺に泊めてもらうことになりました。

自然行では、朝と昼の食事をぬき、一日一食です。また、自然豊かな場所ですから、幸いにそんなことは一度もありませんでしたが、いつも野宿する覚悟です。

お寺の夕食は、ソバ、豆腐、タクアンのつけもの。突然の来訪者にも、修行僧のみなさんは食事を気持ちよくわけてくださいました。

ところで、この聖護寺には、ガスも電気も水道も引かれていません。井戸のそばでからだをふき、汗をぬぐいます。寝るときには、懐中電燈が渡されます。夜中にそれを使って、暗く長い廊下をつたいトイレに向かうのです。まさに、自然行にピッタリの場所です。

なお、このお寺では、午後七時からと午前四時から、それぞれ一時間ずつ坐禅がおこなわれます。外国人の尼さんも含めた四人の僧にまじって、私も坐禅や掃除などの修行をさせていただきました。修行のあいだ、私の心は純粋意識で満たされていました。

このように道元禅師ゆかりの名高い寺を自然行で訪れ、そこで禅の修行を体験できたのは、大田黒さんとのご縁によるものです。

余談ですが、鳳儀山での自然行のもようを大田黒さんに報告したところ、ごほうび（？）として村上素道老師の書をくださいました。そこには、りっぱな「徳」の一文字が書かれていました。

うすれゆく自我

さて、自然行では、からだが疲れたときに、なにも考えない、なにも思わない状態を比較的つかみやすくなります。すると、心のなかに「静かな喜び」が満ちてきます。そのときの「喜び」や「心の状態」をおぼえておき、毎日おこなう禅的瞑想で呼び起こすのです。自然行の感覚が禅的瞑想のなかでよみがえり、「静かな喜び」が心に広がっていきます。心の置きどころを見つけやすく、「素心」に近づくことができます。

なお、自然行をすると、自我がうすれ、美しい顔つきになります。道行く人が頭をさげたり、手を合わせてくださったりすることも経験します。自我執着からはなれることで、おだやかな雰囲気がただようからでしょう。

自然行では、名まえも、ふだんの地位や肩書きも、立場もすべてはぎとられ、ただひとりの人間でしかありません。池田繁美、塾長、税理士、コンサルタント、学院長、社長、おとうさん、そんなことはいっさい自然のなかでは通用しません。ただ、魂が肉体を借りて歩いている。いつのまにか、そのからだの重さも、自分に心があることさえも感じなくなります。

そのせいか、自我や業にとらわれない、正しい思いをもつことができます。

雲水が言った「大自然のなかに身を置くと、おのずと正しく生きるための知恵がわいてくる」「答えは、自然が出してくれる」とは、

「自然行で、自我執着からはなれることができる。すると、自我や業にとらわれない、生きるための正しい知恵がわいてくる」

ということにちがいありません。

自然行の要領

つぎに、「自然行」の要領を示します。

1、日の出とともに目ざめ、行動開始。日が沈むまで歩く。
2、食事は夕食のみとする。ただし、ビスケットなどの食料を携行し、体調がすぐれなくなったときなどにそなえる。
3、腕時計や携帯電話は、原則としてもたない。
4、腰骨を立て、やや早足で歩く。
5、なにも思わない、なにも考えないことを、心がける。
6、疲れたら、休む。木かげや社寺の境内《けいだい》、川のほとりなどで禅的瞑想をするとよい。
7、新聞、雑誌、テレビなどは、宿でも見ないようにする。

8、健康状態や場所の状況を判断しながら、危険のないように行動する。

日常生活から自分を解放することに、自然行の大きな意味があります。携帯電話、テレビ、新聞雑誌などは、「日常生活の情報」を自然行の場にもちこんでくるものです。日常生活のなかで、私たちの「自我」は大きくなっています。「日常生活＝自我」といってもよいくらいでしょう。

その「自我」から自分自身を解放し、本来の「素直な心」を取りもどすことが、「自然行」です。

頭のなかも、からだのなかも、できるかぎりカラッポにする。余計なものをいっさい入れない、本来あるべき姿にもどる。それが「自然行」です。

二泊三日程度で、自然に恵まれた土地を歩いてみましょう。自然が、きっとなにかを教えてくれるにちがいありません。

【要点】

自然行（自然豊かな土地へのひとり旅）

↓

日常生活からの解放　＝　自我執着からはなれる

↓

静かな喜び　→美しい顔つき、おだやかな雰囲気

↓

家へもどってからは、その「静かな喜び」を「禅的瞑想」で呼び起こす

（心の置きどころをつかむ）

歩行《ほぎょう》

自然のなかを歩く

自然のなかに身を置き、なにも思わず考えない状態をつくり出す。そのためのひとり旅が「自然行」ですが、実行できるのは一年のうちに一、二回がせいぜいでしょう。その自然行のエッセンス（要素）を取り入れて、ふだんでも実践しやすいようにしたのが「歩行」です。

原則としては毎日ですが、週に一、二回、休みの日などを利用してもかまいません。ただし、定期的に継続することが大切です。

その要領は、つぎのとおりです。

1、場所　自宅付近で、なるべく自然の多い場所
2、時刻　人どおりが少なく、空気のきれいな早朝
3、距離　三～六キロメートル
4、所要時間　三〇～六〇分
（休日には、距離と時間を延ばす）
5、姿勢　腰骨を立て、手を軽くふって歩く

家の近くに、公園や遊歩道、里山《さとやま》があると、好都合です。池や川のほとり、海岸や砂浜もよいでしょう。

そうでない場合でも、クルマのとおりが少なく、並木道や道のそばに草花が咲くところをなるべく選んで歩くようにしましょう。

朝を味わう

時間帯は、早朝が適しています。

寒さのきびしい冬の朝には、「精神の鍛錬、心の浄化」と胸のなかで自分をはげましながら、出かけることもあります。そのときは、ほんとうに身が引きしまる思いです。

東の空に輝く明けの明星。空に残る白い月。ゆっくり明けゆく空の色。近くのお寺でつく鐘の音。草花の上の露の輝き。鳥たちのさえずり——。

こんなふうに季節ごとの味わいが、朝にはたくさんあります。

また、朝の空気は新鮮です。新しい太陽の光を浴びることで、草や木が出す酸素を吸収することで、からだの細胞ひとつひとつが生まれ変わるようです。

防犯の面からも、朝の時間帯がよいでしょう。

なお、歩きかたは、散歩とちがって、ゆっくりブラブラとではありません。また、ジョギングともちがいます。なにも思わない考えない状態をつくるために、やや早足で（先の要領の距離と所要時間を参考に）軽快に歩きます。

余計なことを考えていると、身近な自然を味わうことができません。少し疲れるくらいが、無心になりやすいものです。

そして、腰骨を立てた正しい姿勢で歩きます。疲れたときにでも、あまり姿勢をくずさないように意識しましょう。

心がととのっている人の動きは、リズミカルで、美しいものです。ドタドタ、バタバタと足音を立てる歩きかたは、耳ざわりだけではなく、その姿も見苦しいものです。

慣れてくると、疲れていても、姿勢も呼吸も乱れません。かえって、疲れが心地よさを運び、歩いていることさえ忘れさせてくれることがあります。

そんなとき、まわりの自然や空気と同化している自分を感じます。自我をはなれた「静かな喜び」が、心にわいてくるでしょう。

【要点】

「歩行」（なにも考えず、歩く）の要領は、つぎのとおりです。継続的におこないましょう。

1、場所　　自宅付近で、なるべく自然の多い場所
2、時刻　　人どおりが少なく、空気のきれいな早朝
3、距離　　三〜六キロメートル
4、所要時間　三〇〜六〇分
（休日には、距離と時間を延ばす）
5、姿勢　　腰骨を立て、手を軽くふって歩く

写《しゃ》字《じ》

写字のしかた

「写字」には、つぎのものを用意します。

1、タテ書きの便せん、三枚（一枚につき、十行分の罫線《けい》のあるもの）

2、お手本（次ページ「禅即素心　素心即和顔」）

3、小筆と墨《すみ》、もしくは筆ペン

なお、写経ではありませんので、むずかしい文字がたくさん並んだ経文を書き写そう、と思う必要はありません。

いままで読んだ本のなかで心に残った文章があれば、それでもかまいませんが、あまり連想をふくらませるような言葉はさけたいものです。

また、ひら仮名が多いと、単調になり、いろいろな思いがわきやすいので注意しましょう。

ここでは「禅即素心《ぜんそくそしん》　素心即和顔《そしんそくわげん》」という九文字を書き写すことにします。

禅的瞑想をすることが、すなわち素直な心のあらわれである（禅即素心）。

そして、素直な心は、そのままおだやかな表情となってあらわれる（素心即和顔）。

これが大意ですが、書き写しながらその意味を考える必要はありません。

ただ書き写す——それが「写字」の意義だからです。「文字を書き写す」ことに集中し、無心になる。やがて、心のなかに「静かな喜び」を感じる。その「喜び」を、くり返し心に植えつけていく。そのために「写字」をおこないます。

禅即素心　素心即和顔

では、つぎの要領にしたがって、「写字」を進めていきましょう。

1、机の上に必要なものを並べる。中央に、便せん。左がわに、お手本。右に筆。

2、腰骨を立てた正しい姿勢をとる。

3、筆をとり、便せんの左はしから、一行ずつ文字を書き写していく。

（書いた文字を右手でこすって汚さないようにするため）

4、書き写すスピードは、一行につき、一分の時間をかける。便せん一枚は、十行あるので十分間。三枚で三十分を目やすとする。

（これ以上速くなると、ていねいさがそこなわれます。また、おそすぎると、ついほかのことを考えてしまい、無心になることができません）

5、背すじがまがったり、からだがゆがんだりしないように心がける。

（便せんは、つねにからだの正面にまっすぐ置くようにします）

6、文字は美しく書くことよりも、九文字のタテとヨコの並びをきちんとそろえることを心がける。

心のクセが文字のクセとなる

たとえば、つぎのように書き並べられた上段と下段の文字。写字をした人の心は、どちらがととのっているでしょうか。

禅即素心　素心即和顔
禅　即　素心　素　心即和顔
禅即素心　素　心即和　顔
禅即　素心　素　心　即和顔

禅即素心　素心即和顔
禅即素心　素心即和顔
禅即素心　素心即和顔
禅即素心　素心即和顔

見ると、すぐにわかります。

もちろん、下の文字を書き写した人の心がととのっています。文字の並びに、乱れがありません。余計なことを考えず、心が落ち着いているから、それが書き写した文字にあらわれています。

心のクセは、字のクセとなり、その形や配列にもあらわれます。また、字を書いている人自身の姿にも、はっきりとあらわれます。

机におおいかぶさるように書く人。便せんを斜めにゆがめて書く人。手以外にもからだをしきりに動かしている人――。

姿勢を正し、便せんをからだの正面にまっすぐ置く。すると、それだけでもう「写字」の気持ちがととのい、心のクセが正されるようです。

字のクセのひどい人、机に向かう姿勢の悪い人が、「素心学」を学ぶことで、それが実際に正されてきています。

なお、「素心即和顔」と書き写すからには、やはり眉間にシワをよせず、おだやかな表情で「写字」を進めていきましょう。

こうして訓練していくと、だんだんとほかのことを考えず、文字を書き写すことだけに集中できるようになります。

ふだん筆をもって文字を書く機会はなかなかないでしょうが、できれば週に一度くらいは「写字」に取り組んでみましょう。

また、硯《すずり》に水を差し、ゆっくりと墨をすりおろすのもよいものです。ほのかな墨のかおりと、墨をするかすかな音が心を落ち着けてくれます。

【要点】

写字（筆もしくは筆ペンで「**禅即素心　素心即和顔**」という九文字を書き写していく）

1、腰骨を立てた正しい姿勢で、便せんに向かう。
2、便せん一枚（十行）に十分間かけ、三枚書く。
3、文字はタテヨコのゆがみがないようにそろえる。
4、なにも思わず考えず、ただ文字を写すことだけに集中する。
5、「写字」のあいだも、おだやかな表情を心がける。

心のクセは、文字そのものにも、書き写す人の姿にもあらわれます。

柔《にゅう》体《たい》

柔体の手順

柔体は、つぎに示す順序でそれぞれの動作をおこなっていきます。回数の目やすは、それぞれ十回を二セット（7、9、12、17の運動は、二十秒間）です。

なお、調身、調息、調心のルールは、柔体でも生きています。できるだけ姿勢よく、呼吸を乱さないようにしましょう。

では、まず実際にやってみながら、柔体の順序を頭に入れましょう。

1、両足を伸ばして、前屈。

両足を伸ばしたまま、からだを前へたおす。伸ばしたヒザのウラが床からはなれないようにする。

2、両足を大きく左右に広げて、前屈。

大きく開いた両足のあいだに、からだをたおす。

1

2

3

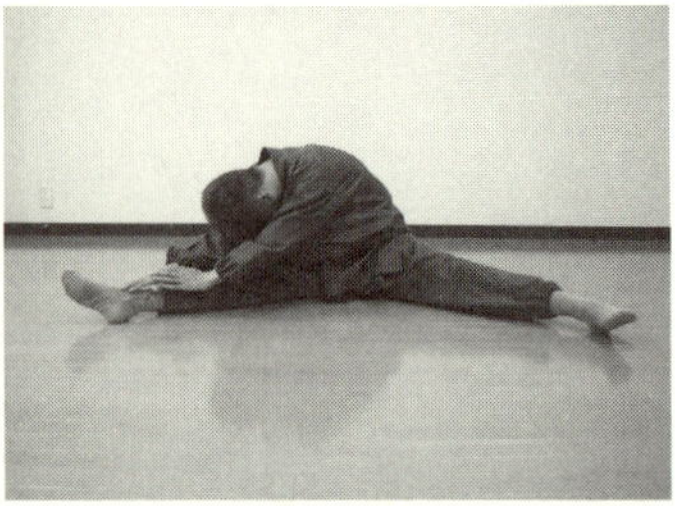

4

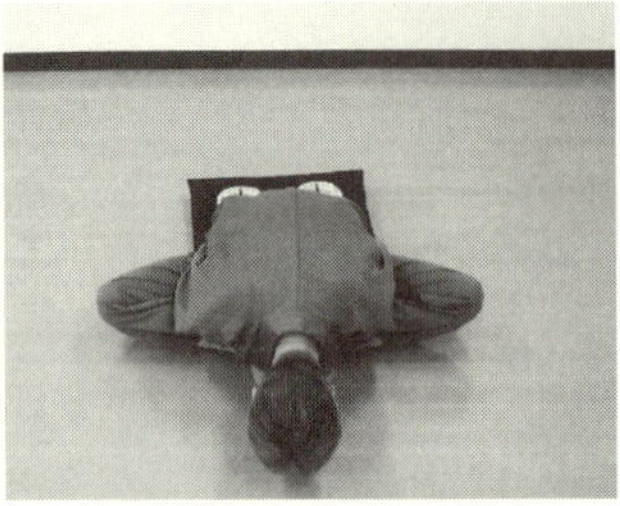

3、開いた左右の足の上に、からだをたおす。右から、つぎに左。

右足の先を両手でつかむように、からだを斜めにたおす。つぎに、左足の先をつかむようにからだをたおす。

4、前で両足のウラを合わせ、前屈。

からだの前で、両足のウラを合わせる。左右のヒザは床につけておく。そのまま、アゴが床につくくらいにからだを前へたおす。

5、ふたたび、両足を伸ばして、前屈。

1と同じ要領。ただし、1よりはつま先に手の指がとどくようになっている。

6、手で足首を取り、ゆっくりまわす。

左手で右足を取って左ももの上にのせ、足首をゆっくりまわす。右まわり、左まわり。左足は伸ばしたまま。つぎに、右手で左の足首を取り、同じように。右足は伸ばしたまま。

7、足のウラをもむ。

右足を取り、そのウラを両手の指でよくもむ。つぎに、左足。

6

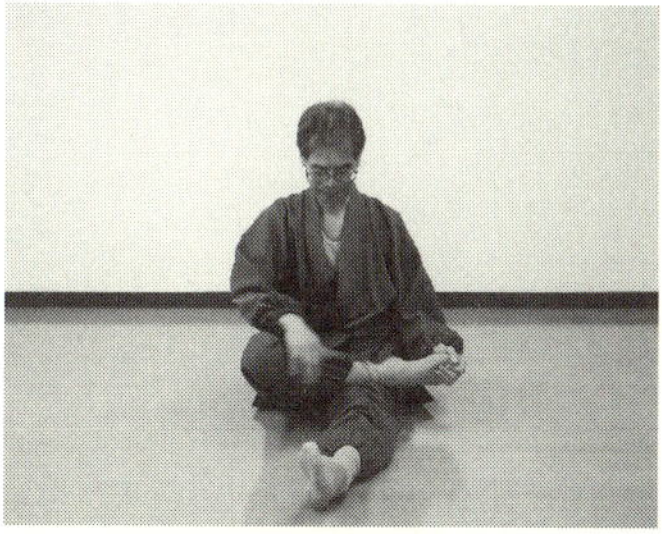

7

8、右足首を左太モモのつけ根におき、ヒザを床にくっつける。左足は伸ばしたまま。

右足の先が左の太モモのつけ根にくるようにまげ、そのヒザを手で押さえて床につける。反対の左足は、伸ばしたままにしておく。つぎに、左足のヒザを床につける。右足は伸ばしたまま。

9、足をもむ。

右足のコウ、アキレス腱、ふくらはぎ、ヒザの横やウラを両手でもんでいく。

つぎに、左足。

8

9

10–①

10–②

10、背すじを伸ばし、首の運動。

① 頭を前後にたおす。

② からだは動かさず、顔をま横にむける。まず右へ、そして左へ。

③ 正面をむいたまま、首を右へかたむける。耳が肩につくくらいに。ただし、右肩があがらないように注意する。つぎは、左へ。

④ 首を大きくゆっくりとまわす。右まわり、左まわり。

11、両肩の上げ下げ。

両肩をあげ、力をぬいてストンと落とす。

12、肩から腕、そして手のひらをもむ。

左手で右側の肩、腕、手のひらと、上から順番にもんでいく。つぎに右手で左側をもむ。

11

12

14

13

13、両手の指を組んで手のひらを外にむけ、前へ伸ばす、縮める。

両手の指を組み、手のひらを外にむける。そのまま、腕をまっすぐ前へ伸ばす。伸ばした腕を、アゴの下に引きよせて縮める。また、伸ばす。

14、首のうしろで、両手の指を組む。そのまま手のひらを天井にむけ、両腕をまっすぐ上へ伸ばす。

首のうしろで両手の指を組み、手のひらを天井にむけて垂直に腕を伸ばす。

15

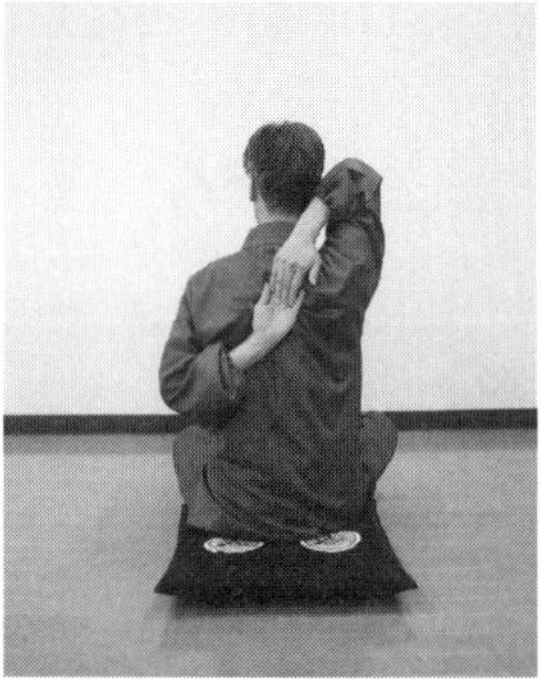

16

15、右手を肩から背中へ、左手は背中の下から伸ばして両手をつなげる。

右手を肩の上から背中にまわし、左手を下から背中に伸ばす。背中で上下の手をつなぐ。つぎに、左右の手を入れかえる。

16、両手をそろえて、前へまっすぐ伸ばす。手首を交差させ、両手の指を組んで、手前に引きよせる。そのまま、また伸ばす。

両手をそろえて、からだの前へまっすぐ伸ばす。右手を左手首の上にのせ、手のひらを合わせ、指を組む。そのまま引きよせ、胸の前で下から上へと手のむきをかえ、ふたたび前へまっすぐ伸ばす。両ヒジが曲がったままにならないように、腕をからだの前で水平に伸ばす。つぎに、左手を右手首の上におき、同じ運動をくり返す。

17

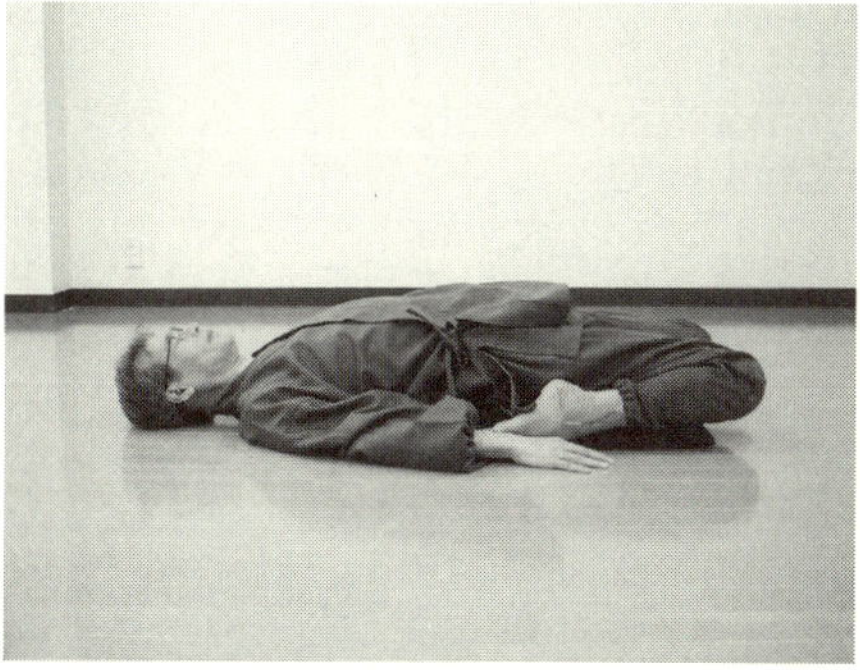

17、からだをうしろの床までたおす。

　正座をし、お尻が床につくように両足をずらす。そのまま、両手をつきからだをうしろにたおし、床につける。その姿勢をくずさないように、ゆっくりとからだを起こす。

身も心もやわらかく

　柔体をしていると、腕やからだがうまく曲がらなかったり、もんで「痛い」と感じるところが出てきたりします。そこは、たぶんかたくなって血液の流れが悪くなっているところです。あるいは、ふだんあまり使っていないところなのでしょう。柔体では、そうしたコリかたまっているところをやさしくいたわりながら、ほぐしていきます。

なお、柔体は、ただひたすらからだをやわらかくすることに意識を集中させ、なにも思わない考えない無心のひとときをつくり出すことをいちばんの目的としています。すでに述べてきたように、無心になると、心のなかに「静かな喜び」がわき出てきます。

その喜びに満ちた心は、生まれたてのやわらかい心と同じです。人の言うことをかたくなにこばんだり、自分の我を押しとおしたり、すぐ相手のせいにして責めたりするようなことはしません。まわりをやさしく包み込むことのできる、大きな心です。

ところで、からだのスジや筋肉がかたくなっていると、それが肩コリや腰痛の原因となります。心がかたいと、からだと同じようにあちらこちらに問題を生じるにちがいありません。

からだと心はつながっています。このことを「心身一如《しんしんいちにょ》」といいます。

ところで、よく「頑固さ」を売りものにしたお店や、それが長所であるかのように言いふらしている人物を見かけますが、少し首をかしげたくなります。

広辞苑で「頑迷固陋《がんめいころう》」という言葉を引くと、「かたくなで正しい判断ができないこと（頑迷）。見聞がせまくて、かたくなであること（固陋）」と出てきます。これが「頑固さ」であって、自分の信念にしたがった生きかたとは区別されるべきでしょう。

からだをやわらかくする柔体で、心もやわらげることができます。心が素直な人は、姿勢正しく、からだもしなやかです。

【要点】

柔体《にゅうたい》＝なにも考えず、からだをやわらかくする運動に集中する。

「心身一如《しんしんいちにょ》」

心とからだはつながっている。素直な心の人は、姿勢が正しく、からだもしなやか。

清掃

自我《じが》と業《ごう》をはらい除《のぞ》く

廊下や階段、部屋の中をはく。机の上を雑巾《ぞうきん》でふく。ゴミをひろう。トイレの便器を磨く。風呂場を掃除する――。ホウキや雑巾、モップ、タワシ、スポンジ、あるいは素手《すで》で、身のまわりをきれいにしていく。それに集中することで、無心となる。それが「素心の五行」の「清掃」です。

職場や家庭、あるいは地域を清掃します。廊下を雑巾がけします。便器のなかに頭をつっこんで、すみずみまでピカピカに磨きます。道に落ちているゴミやタバコの吸いガラ、空きカンをひろいます。

冬の寒い朝には、手がかじかむこともあるでしょう。暑い夏には、汗がしたたり落ちます。

はじめのうちは、人目も気になります。しかし、だんだんと、人が見ているとかいないとかは関係なく、また汚れた場所にも抵抗なく手をつけられるようになります。また、「きれいになった」という達成感だけではなく、なんとも言えない喜びが心に満ちてきます。その心地よさを味わうために、さらに清掃にはげみます。

それは、ただ単に慣れてきたということだけではなく、無心に清掃ができるようになってきたからです。清掃で、身のまわりをきれいにすること以上に、自分の心をやさしくおだやかにすることができます。

仏教には「唯心所現《ゆいしんしょげん》」という言葉があります。心の状態そのままが身のまわりにあらわれる、という意味です。

心のクセの多い人の身のまわりは、片づかず散らかっていることでしょう。素直な心をもった人のまわりは、整然と美しく保たれているにちがいありません。

さて、辞書によると「清掃」という言葉には、つぎのような意味があります。

①きれいに掃除をすること。

②さっぱりとはらい除くこと。

（『広辞苑』より）

まさに「素心の五行」の「清掃」は、「きれいに掃除をすること」で、心のなかの自我と業の意識を「さっぱりとはらい除くこと」にほかなりません。

矛盾《むじゅん》するようですが、「清掃」は「きれい」だとか「きたない」とかいった感情をはさまないで取り組むほうが、無心になることができます。「きれい」「きたない」というのも、「好き」「きらい」と同じく、自我と業の意識から生まれる感情だからです。

なお、「素心の五行」の「清掃」の目的は、「きれいに掃除をすること」ではありません。掃除をすることで、自我と業の意識をさっぱりとはらい除いて、無心になることです。したがって、汚れていれば「清掃」をし、汚れていなければ「清掃」をしないというものではないのです。掃除をすることが、目的なのではありません。

ほかのすべての「素心の五行」と同じように、すわる、歩く、字を写す、からだをやわらかくする、そのこと自体が目的なのではなく、それらを通して「無心になる」ことに大きな意味があります。

また、その人のまわりは心をそのままにあらわしますので、心がととのってくると、しぜんときれいに清掃された状態となってくるでしょう。

掃除に学ぶ

ところで、私が人生の師のひとりとして尊敬しています鍵山秀三郎《かぎやまひでさぶろう》さん（一九三三年生まれ　イエローハット創業者）は、「日本を美しくする会」をつくり、全国各地、いや世界の各地にまで、掃除をとおして人の心と社会を美しくしようという運動を展開されています。

その下部組織に「掃除に学ぶ会」というのがありますが、これは「掃除の会」でも

「掃除を学ぶ会」でも決してありません。「掃除に学ぶ会」なのです。掃除をとおして、自分の心を磨く、青少年の健全な心を育てる、社会環境をよくする、というもので、「掃除」が最終目的ではないのです。よくボランティア活動と考える人もおられるようですが、そういうモノサシではかられるものではない気がします。

また、掃除をすると、会社がもうかるとか、風水《ふうすい》（気のエネルギーなどで家の位置などを占う術）がよくなるとか言う人もいるようですが、それを目的とするのはどうでしょうか。

たしかに、ただひたすら掃除をして無心になり、素直になった結果、運が向くということはあるでしょう。しかし、それはあくまで、「カネをもうけたい」とか「りっぱな家に住みたい」という自我への欲求からはなれたときにしか実現しないものです。

くり返しになりますが、「素心の五行」（禅的瞑想、歩行、写字、柔体、清掃）は、集中力をつける、運動不足を解消する、きれいな字が書けるようになる、からだがやわらかくなる、身のまわりをきれいに掃除する、というのが目的ではありません。

なぜなら、それらを目的としたとたん、「集中力をつけたい」「運動不足を解消したい」「字がうまくなりたい」「からだをやわらかくしたい」「きれいに掃除をしたい」という欲求が大きくなり、自我への執着がはじまるからです。

それ自体は、なにも悪いことではありません。ただ、「素心の五行」では、自我への執着からはなれ、無心になることを第一の目的としています。そのためには、結果を求めたり、感情をはさんだりせず、ただひたすら没頭《ぼっとう》することがいちばんです。

掃除を学ぶのではなく、掃除に学ぶ。掃除が目的ではなく、掃除をすることで得られる多くの学びを大切にする。それと同じように、すわる、歩く、字を写す、からだをやわらかくする、掃除をする、それらをとおして得られる素直な心の状態を学ぶことが「素心の五行」の意義です。

【要　点】

・**清掃**

きれいに掃除をすることで、心のなかの自我と業の意識をはらい除きます。目的は、「無心になる」ことです。

・**唯心所現**《ゆいしんしょげん》

心の状態がそのまま身のまわりにあらわれる。

心にクセがある人は、散らかっています。素直な人のまわりは、整然と美しく保たれています。

苦悩をやわらげる

（月刊「素心」第一一七号　平成十九年九月）

あるがままに受け入れる

人生は、思うようにいかず、悩み苦しむことが多いものです。その悩み苦しみは、なぜ生じるのか。また、起きた難題はどのように解決したらよいのか。そのことについて、考えてみました。

仏教では、「生きる」ことがすでに苦しみとされています。それは、老《お》いや病《やまい》、死と同じように、自分の思いではどうにもならず、さけようがないからです。だからといって、永遠に苦しみからのがれられないというのではありません。おシャカさまは、その解決法として、「苦《く》・集《じゅう》・滅《めつ》・道《どう》」と言われています。「苦」は、あるがままにそれを受け入れよ、ということです。「集」は、その原因をしっかりとつかむ。「滅」は、その原因を取りのぞく。「道」は、修行をし、日常生活を正す、ということです。

たとえば、私のところに寄せられる経営者からの悩みのご相談には、「幹部社員が、辞《や》めたいと言い出して困っている、あるいは意欲がなくて困っている」という内容のものがよくあります。

それに対して、私はこういう質問を投げかけます。

「その人を責《せ》めつづけていませんか。その人に愛情をもって接していますか」

すると、ほとんどのかたに思い当たるふしがあるようです。「苦」の原因は、それまでの自分のとった行動にあるものです。

「彼のミスがつづいたもので、つい感情的になって責めていました。そういえば、時間外でもよく働いているのに、ねぎらいの言葉もかけていなかったなァ。彼も疲れていたのかもしれません」

このように悩み苦しみは自分のあやまちに気づかせるために起こるといってよいでしょう。感情的になりやすい性格、社員に対する接しかた、これを改めることです。ここを改善しないかぎり同じ苦悩がくり返し起きてきます。そして、「言いすぎて悪かった、すまない。これからもしっかりと頼むよ」と、素直に相手に謝ることで事態は解決に向かうでしょう。

問題に取り組む五つのステップ

さて、ここまでのことを整理してみます。

なぜ、困った問題が起きるのか。それは、自分のあやまちを気づかせるためです。ほかの人のせいにしたり、その問題をさけてとおろうとしたりしてはいけません。冷静になって自分自身をふり返ると、原因がよくわかります。

では、どのように解決するのか。それは、つぎの五つのステップからなります。

1、苦を受け入れる（苦の認識）

2、自己のあやまちに気づく（原因の究明）

3、自己を正す（原因の消滅）

4、相手に謝す（関係の修復）

5、「素心の五行」の継続（自我と業のコントロール）

まず、問題を正面からあるがままに受け入れる。苦しいことやわずらわしいことでも、力でモミ消したり、小細工をしたり、感情的になったりせずに、正しく処理をしましょう。

すると、原因は自分のなかの心のクセ（自我と業）にあることがわかります。

そして、いままでの考えかたや行動、習慣をあらためるようにします。

また、相手にわび、なんらかの方法でつぐなうことも忘れてはなりません。

さらに、自我への執着やこだわり（業）の意識をすてるために「素心の五行」（禅的瞑想、歩行、写字、柔体、清掃）をくり返す。これが、私の考える苦悩を解決する（あるいは、やわらげる）方法です。

ところで、苦悩に行き当たった〈現在の私〉は、いままでのまちがった〈行動〉の結果にほかなりません。〈行動〉は、その人の〈思い〉から生まれます。〈思い〉をゆがませ、ものごとをあるがままに正しく判断できないようにしているのは、ふくれあがった〈自我〉と〈業〉の意識です。

その問題を引き起こす〈自我〉と〈業〉の意識を正しくコントロールできるよう、日ごろから無心に「素心の五行」をつづけたいものです。四苦八苦の人生も、やわらぎはじめることでしょう。

【要点】

問題に取り組み、苦をやわらげる五つのステップ

1、苦を受け入れる（苦の認識）
2、自己のあやまちに気づく（原因の究明）
3、自己を正す（原因の消滅）
4、相手に謝す（関係の修復）
5、「素心の五行」の継続（自我と業のコントロール）

第四章

素心の誓い

——一日を大切に

朝は目ざめたことに感謝し、夜は「一日無事だった」ことに感謝する。また、「きょう一日、素直な心、謙虚な心、正しい心、明るい心、おだやかな心で生きていく」ことを誓う——。

そのくり返しが、心のクセを正し、一日一日を大切に過ごす生きかたにつながります。

素心の誓い

（月刊「素心」第一二二号　平成二十年二月）

素直に謙虚に

素心学塾の勉強会は、「素心の誓い」を唱和することでしめくくられます。そのとき、それぞれが「素直な心」「謙虚な心」「正しい心」「明るい心」「おだやかな心」で生きていくことを自分自身に言い聞かせています。

今回は、その五つの「心のありかた」についてお話をします。

〈素直な心〉

「はい、わかりました」と、人の言うことを聞き入れる（一切肯定）。さらに、なにかが起こったときにでも、「ありがとうございます」と受け止めることができる（一切感謝）。

これが「素直な心」です。相手や自然の流れに逆《さか》らわない心のありかたです。人は、自分に都合《つごう》のよいことには、「はい」とすぐにこたえ、「ありがとうございます」と感謝ができます。

しかし、人生にはそうでないことのほうが多いものです。「いやだな」「つらいなぁ」と思うできごとが、案外生きるうえでの大切なヒントなのかもしれません。目先だけの考えやわがままな感情にとらわれず、目の前に起こったことや相手を受け入れてみましょう。

〈謙虚な心〉

つぎにあげる十四項目は、「謙虚さがなくなる兆候」です。かつて、思いあがった自分自身を見て書きぬきました。

いまもその紙をそばにおいて「謙虚な心」を願っています。

1　時間におくれだす
2　約束を自分のほうから破りだす
3　あいさつが雑になりだす
4　他人の批判や会社の批判をしだす
5　すぐに怒りだす（寛容さがなくなる）
6　他人の話をうわ調子で聞きだす
7　仕事に自信が出てきて、勉強をしなくなる
8　ものごとの対応が緩慢《かんまん》になる
9　理論派になりだす（屁理屈を言う）
10　打算的になりだす（損得勘定がしみつく）
11　自分がえらく思えて、他人がバカに見えてくる
12　目下の人に対して、ぞんざいになる
13　言い訳が多くなる
14　「ありがとうございます」という言葉が少なくなる（感謝の気持ちがなくなる）

正しく明るくおだやかに

〈正しい心〉

「三方《さんぽう》よし」の考えにしたがって判断できる心。「三方よし」は、近江《おうみ》商人の心得《こころえ》として伝えられ、お客さまにも仕入先にも、そして自分たちにとっても「よい商売」のありかたを目ざす教えです。

お客さまのことばかりを考えて、仕入先やそこで働く人たちをないがしろにするようでは「三方よし」とは言えません。もちろん、自分の利益だけを考えるのは論外です。

自分と目の前の相手だけではなく、第三者にも思いをめぐらせなければ決してよい結果は得られないでしょう。

「自分のことだけを考えていないか」「見えないだれかに迷惑をかけていないか」を判断のモノサシとしたいものです。

〈明るい心〉

禅語《ぜんご》に「日日是好日《にちにちこれこうにち》」という言葉があります（「ひびこれこうじつ」など、いくつかの読みかたがあります）。「きょう一日が最良の日だと思って大切にする心」をあらわします。それが「明るい心」にほかなりません。

むかしの私は、「雨の日はうっとうしい」としか思いませんでしたが、いまでは雨にぬれた風景や空気を味わっています。もしも、きょうがわずらわしいだけの一日としたら、なんともったいないことでしょう。

ものごとにはなんらかの意味があります。「明るい心」には、その本質を見ぬく力があります。

ところで、私は、島田洋七さんの『佐賀のがばいばあちゃん』の大ファンです。なかにこんなシーンがあります。

「ばあちゃん、英語がさっぱりわからん」

「じゃ、答案に『私は日本人です』って書いとけ」

「歴史も、ようわからん」

「そんなら、『過去にはこだわりません』って、書いとけ」


これは、究極の明るさですね。

〈おだやかな心〉


イライラしない、人を責めようとしない心。

この「おだやかな心」は、温泉につかって思わず「ああ、やれやれ」とつぶやく気持ちに似ています。そんなとき、はげしく感情をむきだしにする人はいないでしょう。

私は、若いころから感情をコントロールできずに思い悩んでいました。

人の話に一喜《いっき》一憂《いちゆう》する。さらには、自分自身のなかにも「イライラのタネ」が植わっていて、周期的に芽を出す。そんな感覚にとらわれていたのです。

その気分のムラをなおそうと、つぎのふたつを目標にしてきました。

「人に処《しょ》すること藹然《あいぜん》」（六然訓《りくぜんくん》のひとつで「人に接するときは、おだやかな態度で」という意）

「和顔愛語《わげんあいご》」（「おだやかな表情とやさしい言葉づかいを人にほどこす」という仏教用語）

また、心を乱すグチや悪口もつつしみ、長いあいだ怒ることもなくなっています。

【要点】

「素心の誓い」では、つぎの五つの心で生きていくことを自分自身に言い聞かせます。

〈素直な心〉「はい、わかりました」と、人の言うことを聞き入れる。なにかが起こったときにでも、「ありがとうございます」と受け止めることができる。

〈謙虚な心〉「謙虚さがなくなる兆候」十四項目でチェック。

〈正しい心〉「三方よし」の考えにしたがって判断できる心。

〈明るい心〉きょう一日が最良の日だと思って大切にする心。

〈おだやかな心〉イライラしない、人を責めようとしない心（「人に処すること藹《あい》然《ぜん》」「和顔愛語《わげんあいご》」）。

感謝の言葉

朝と夜に

朝起きたときに、つぎの「感謝と誓い」の言葉を唱えます。

きょう、目ざめることができました。ありがとうございます。
いま、からだのどこも痛くありません。感謝いたします。
きょうは、平成×年×月×日。きょうの一日、大切に大切に過ごさせていただきます。

素直な心で生きていきます。
謙虚な心で生きていきます。
正しい心で生きていきます。
明るい心で生きていきます。
おだやかな心で生きていきます。

きょうの私は、きのうの私より成長いたします。

夜は、一日の無事を感謝して、寝床《ねどこ》にはいります。

きょう一日、無事に過ごすことができました。
無事に過ごせた日が最良の日です。
よいことを望むのは欲深いことです。
ありがとうございました。

時は命なり

三十二歳のとき、親しい友人がふたり立て続けに亡くなりました。私より二歳若い男女です。「このふたりが、私の人生の味方だ」と思っていたのに、男性は心筋梗塞《しんきんこうそく》で、女性は白血病《はっけつびょう》で、この世を去ってしまいました。

まさか、若いボクたちには関係ない――。そう思っていた「死」が、突然身近に、しかも二度続けてやって来たのです。とてもショックでした。

やがてその悲しみがいえたとき、私は「ふたりの分まで、一日一日を大切に生きよう」、そう思えるようになりました。

私たちは、時の経過とともに命を消費しています。「時は命なり」です。そう思うと、「いま、ここ」の時間をとても大切にしなければなりません。

また、「一日は一生」です。朝、目がさめたときに生まれ、夜、寝るときに一生が終わります。

だれもが、朝、目がさめることを当たりまえだと思っています。しかし、元気な人でさえ、夜眠り、そのまま意識が回復しないこともあります。朝が来て、目がさめることは、とてもありがたいことなのです。朝、起きたときに、まずそのことに感謝します。

なお、人間は生身《なまみ》ですから、朝起きたときに頭痛がしたり、腹痛がしたりすることもあるでしょう。

しかし、それでも私は「いま、体のどこも痛くありません。感謝いたします」と言い切ります。それは、「からだは痛めても、心まで痛めたくない」と思うからです。

そして、「きのう」よりも「きょう」、「きょう」よりも「あした」と、「素直に、謙虚に、正しく、明るく、おだやかに生きていく」ことを誓います。

夜、眠りにつくまえには、「きょうの無事」を感謝します。

なにごともなく無事に過ごせたことは、とてもありがたいことなのです。欲張らず、「なにもなかったことこそが、いい日だ」と、感謝したいものです。

私がムダに過ごした「きょう」は、きのう亡くなった人が痛切に生きたいと願った「一日」である――。

どなたかがそう言われましたが、幼い子どもの行くすえを案じながら亡くなったふたりの親友のことを思うと、その言葉の重みを感じないわけにはいきません。生かされていることに感謝し、きょうの一日を大切に過ごしたいものです。

【要点】

朝は、目ざめたこと、からだのどこも痛くないことに、感謝します。

そして、「きょうを大切に過ごす」ことと、「素直な心、謙虚な心、正しい心、明るい心、おだやかな心で生きていく」ことを誓います。

夜は、「きょう一日、無事に過ごすことができた」ことに感謝し、それ以上は欲深く望みません。

第五章　素心の実践

――日常の心がけ

素直な心になるためには、「素心の五行」に取り組むことのほかに、日常生活で心がけておくべきことがらがあります。それらを「日常の心がけ」として二十一項目にまとめています。ふだんから、ひとつひとつを意識して実行に移していくことが、「素心の実践」にほかなりません。

また、自分自身が実践することはもちろんですが、身近な人や若い人たちにも伝えていくことで、よりよい社会がつくられていくものと信じています。

1　笑顔であいさつ

飲食店でやたらと大きな声であいさつをされ、ビックリしてしまうことがあります。元気なあいさつにはこのようにときどき出会いますが、笑顔のともなう、おもてなしのあいさつには残念ながらめったにお目にかかることができません。

また、「元気で明るいあいさつ」といった標語をかかげている職場もありますが、それがただ「大きな声でのあいさつ」に終わってしまっているところが多いようです。

相逢先一咲――。

「あいあってまずいっしょう」と、読みます。「咲く」という字には

「わらう、ほほえむ」という意味があり、「おたがいに出会ったときには、なにはともあれ、まずほほえみあいましょう」ということです。

仕事のうえだけでなく、家庭でも、地域でも、これがよい人間関係をつくる基本にほかなりません。

なお、「笑顔であいさつ」をするのは、なにも目下の人からだとはかぎりません。むしろ、主たるべき人、リーダーたるべき人から「笑顔であいさつ」することを心がけたいものです。

親、上司、経営者、先輩、教師、こういった人たちが、まず「笑顔であいさつ」をしたなら、その場の空気がどれほど明るく心なごむものに変わっていくことでしょうか。

毎朝、笑顔であいさつをする――。

そのことが、リーダーの大きな役割のひとつだと考えています。また、相手への「思いやり」の原点だともいえるでしょう。

2　正しくやさしい言葉づかい

どんなに正しいことでも、それを伝えるときには相手をキズつけないような言いかたを工夫しなければなりません。

たとえスジのとおったことであったとしても、それが相手に受け入れられなければ意味がありません。また、それを言うことで、相手をキズつけるだけの結果になってしまったのでは、決して「正しい」とは言えないでしょう。

なお、中心となるべき親や経営者が、子どもや部下が相手だからといって乱暴な言葉をつかうようでは困ります。今度は子どもや部下がそれをマネし、やがて荒っぽい家風や社風をつくり出してしまいます。同時に、親や経営者の品位も疑われることでしょう。

笑顔であいさつをすることもそうですが、やはり上に立つ人から「正しくやさしい言葉づかい」を心がけ、ていねいな気持ちで話しかける努力をしていきたいものです。

ところで、わが国は、古くから「言霊《ことだま》の幸《さきわ》う国」と言われてきました。言葉のもつ力が人びとに幸福をもたらすと、信じられてきたからです。それは、いまの世のなかでも通用することです。言葉ひとつで、相手に信じられないくらいの力を与えたり、反対にその人の命を落とさせるほどの悲しみを与えたりすることがあります。

笑顔や正しくやさしい言葉づかいから、その人のぬくもりが伝わります。そして、心のあたたかさにこそ人は近づいてくるものです。

なお、前節の「笑顔であいさつ」は「和顔《わげん》」、「正しくやさしい言葉づかい」は「愛語」にあたります。

3　清潔でさわやかな身だしなみ

いくら笑顔や言葉づかいがよくても、服装や髪の毛がその場にふさわしくなく不潔な感じであれば、相手にさわやかな感じを与えず、不快さを残してしまいます。

なお、職場で制服が決まっていれば、それをきちんと身につけましょう。「統一の美」というものがあり、制服は働く人の美しさを演出するとともに、お客さまに「一定品質の商品やサービスを提供しています」という安心感を与えます。上着の前をはだけたり、ズボンのポケットに手をつっこんだりする姿も、みっともないものです。

なお、スーツの上着も、人前に立つときには、ボタンをきちんと留めましょう。前が開いたままでは、だらしない印象となります。

なお、肌に直接身につけるものは、毎日着替えるようにしたいものです。

人とのおつきあいや仕事の場での服装や髪型（女性の場合は化粧やアクセサリーなども）といった身だしなみは、自己主張をして個性を強調することよりも、相手への「思いやり」を第一と考えましょう。

ところで、「身だしなみをととのえる」とは、身のまわり全般のことをきちんと心がけることを意味します。

素直さを習得した人は、その表情や語調、動作がさわやかになっていますす。

したがって、身だしなみに、不潔感やアクの強さがあり、すがすがしさが感じられないようでは、まだまだ素直な心であるとは言えません。

4

腰骨《こしぼね》を立てた正しい姿勢

「禅的瞑想」（第三章）のところで述べた「調身」が、「腰骨を立てた正しい姿勢」です。

腰の骨を立て、背すじをまっすぐに伸ばします。肩に力を入れすぎて、必要以上に胸を張ることはありません。すわったときだけではなく、立っているときも、歩いているときも、これが人間本来の正しい姿です。なんだか窮屈《きゅうくつ》そうに思われるかもしれませんが、ほんとうは正しい姿勢がいちばん楽なのです。

また、腰骨のあたりには自律神経をつかさどるスイッチがあると言われています。したがって、腰骨が曲がると、自律神経もうまく働くことができません。

私たちの心のクセは、姿にもあらわれます。かたよった思いが、腰骨や背骨のゆがみとなってあらわれます。すわったとき、立ったとき、歩いているとき、その姿に心がうつし出されてしまいます。

なお、腰骨をスッと立てると、頭が天にむかってまっすぐに伸び、心のなかにも一本スジがとおったような気がします。正しい思いは、正しい姿勢もつくります。

ところで、「立腰《りつよう》教育」といって、幼いときから正しい姿勢を身につけさせようとしている幼稚園や小学校があります。子どもたちの心は素直ですから、姿勢もすぐに正しくなります。小さなうちに身につけた正しい姿勢は、その後の人生にとってかけがえのない大きな財産となることでしょう。

5　「はい」という明るい返事

自分のわがままを取りのぞき、あなたに心をひらきました――。それが、「はい」という返事です。

したがって、暗く低い声や、ボソッとつぶやくような聞き取りにくい返事では、相手に対して心をひらいたことにはなりません。

たしかに機嫌のよいときには、だれもが明るい声を出すことができるでしょう。しかし、気分のすぐれないときや、いそがしいときには、そうはいきません。

けれども、よく考えてみると、そのおもしろくない気持ちやいそがしい状態は自分のことであって、なにもそれを第三者にまでおよぼす必要はないのです。

元気のない、聞こえるか聞こえないかわからないような返事。あるいは、「どうでもかまわない」といったような投げやりな返事。それらは自分中心の態度であって、相手の呼びかけにきちんと答える誠意からはほど遠いものです。

まず、相手のほうへきちんと顔をむけて、「はい」と返事をしましょう。「はい」のあとには、「喜んで」という気持ちをそえて。

「はい、喜んで」は、ふたりの心の架《か》け橋となります。

たったふたつの「は」「い」という音で、相手に不快さを感じさせないどころか、安心感を与え、さらに喜ばすことさえもできます。「はい」という二文字は、とても大きな力をもっています。

6　なごやかな気持ちで相手に応対

「なごやか」「やわらぐ」は、漢字ではそれぞれ「和《なご》やか」「和《やわ》らぐ」と書きます。また、野菜や魚介類などにゴマやミソ、酢《す》などをまぜ合わせた料理を「あえもの」といいますが、これも「和《あ》えもの」と書きます。異《こと》なったものがいっしょになって、まるくまとまった状態が「和《わ》」です。「平和」や「調和」というように使われます。

つまり「なごやかな気持ち」とは、相手を受け入れよう、心をひとつにしよう、とする意識にほかなりません。そのためには、自我をおさえ、相手に歩み寄ることが必要です。

聖徳太子《しょうとくたいし》（五七四～六二二年　推古女帝《すいこじょてい》の補佐役）は、官僚《かんりょう》たちの心がまえを「憲法十七条」としてあらわしました。その書き出しは、「和を以《も》って貴《たっと》しと為《な》し、忤《さから》うことなきを旨《むね》とせよ」

人と人とが仲よくすることがいちばん大切で、くれぐれも相手にさからったり、いさかいを起こしたりするようなことがあってはならない、としています。

また、むかしから日本人のもつ、やさしくやわらいだ心は、「大和心《やまとごころ》」と言われてきました。

私は、サイフの中に古い一万円札を入れています。その紙幣《しへい》には、聖徳太子の肖像《しょうぞう》が描《えが》かれているからです。なごやかな気持を忘れないために、ときどきそっとながめています。

7　人の話はていねいに聴《き》く

素心学塾では、毎回塾生の体験発表がおこなわれます。塾生のみなさまには、発表することと同じくらい、聴くことにも意識を向けてもらっています。たとえば、つぎのようなことです。

・腰骨を立てた正しい姿勢でイスにすわる（腕や脚《あし》を組んだりしたり、ほおづえをついたりしない）。
・発表者のほうに顔を向ける。
・共感できるところでは、うなずく。
・必要なところはメモをとる。
・発表が終わったときには、心をこめて拍手《はくしゅ》を送る（胸より少し高い

位置で、拍手する手は発表者に向ける)。

こういった態度が、ていねいな聴きかたを生みます。

話し手は、相手が「不快に思わない、安心感をもち、喜びを得られる発表」を心がけることはもちろんですが、聴き手のほうも発表者が「不快な思いをせず、安心して話せ、発表できた喜びを感じられる」ように配慮《はいりょ》しなければなりません。

なお、以前の私は、目下の人に対して話を途中でさえぎり、「それは、ちがう」とすぐに自分の意見を押しつけていました。しかし、いまは最後まで聞き、「この点はどう思う?」と意見交換できるようになりました。立場や年齢が上の人は、この点にも気をつけたいものです。

8　身のまわりの整理整頓《せいとん》

整理――必要なものとそうでないものに区別すること。
整頓――必要なものを分類して、取り出しやすく、使いやすいようにしておくこと。

これが「整理整頓」の意味です。そして、さらにそのあとに「美化」をつけ加えましょう。

美化――美しく保つこと。

いらないものを処分し、必要なものを使いやすくしておくといっても、はたから見たときに顔をしかめたくなるような状態では困りものです。やはり、そこには美しさがなければなりません。

この書類はいつか見るだろう、この資料が役立つときがあるだろう、そう思ってたくさんの書類や雑誌を机の上に山づみにしていたときが、私にもあります。しかし、結局、「読まず、役立てず」に終わることがほとんどでした。第一、いざというときに、すぐには出てきません。

現代はインターネットを使って、すぐさまほしい情報が手にはいります。一年間目を通さなかったような書類は、思いきって処分してもよいように思います。

なお、いつも机のまわりで探しものをしている人は、時間をムダ使いしています。しっかりと仕事のできる人の身のまわりは、いつも整理整頓され、美しく保たれているものです。

9　約束、規則は必ず守る

すぐれた集団か、そうでないのかは、約束、規則が守られているかどうかで判断できます。

リーダーが出した方針やみんなで決めたことがらが、守られ実行されているのか。それとも、うやむやにされているのか。それが、その集団の実力を示します。

これは、個人にも言えることです。ルール違反をせず、正攻法で人生の王道を歩んでいくところに、人間的な成長があり、生きるうえでの喜びもあるのでしょう。

また、企業の社会的モラル（道徳性）や責任が、さかんに問われている現代です。雇用や税に関する法律などもつぎつぎに改正され、中小企業者にとってはそのコスト負担が大きくなるばかりです。あの手この手を使ってそれをのがれることが「かしこい経営だ」と、はなはだしいカンちがいをする人がいますが、そんなことばかりを考えていたのでは、いつまでたっても企業としての力がつかず、社会的役割をはたすことはできないでしょう。

なお、他人とのあいだではなく、自分自身との約束ごとのほうが、えてして破りやすいものです。ですから、私は自分で決めたことについては、「必ず実行する」「例外をつくらない」ということをモットーとしています。「きょうは、○○だからいいだろう」といったん例外をつくると、またつぎも同じようにそれをゆるしてしまい、なしくずしに例外が例外でないようになっていきます。

10

ものは粗末《そまつ》にせず、大切にあつかう

人は、腹を立てたとき、そのイライラをものにぶつけて八つ当たりすることがあります。あるいは、乱暴な動作や行動でそれを示そうとします。

ところが、ふだんでも、ものを乱暴にあつかう人がいます。クルマのキーを机の上にポーンとほうり投げたり、部屋のドアを大きな音を立てて閉めたり。

また、平気でなん枚もなん枚もコピーをとったり、駐車中のクルマのエンジンを長時間かけっぱなしにしたりで、ものや資源を粗末にしているとしか見えない人がいます。

そうした人たちの姿は、ものに愛情をもって接しているとはとても思えません。

ものを大切にあつかうことのできない人は、やはりまわりにいる人をも大切にできないでしょう。ものに愛情を向けることのできない人は、人間に対しても同じです。

人とものをいっしょにするな、と言われそうですが、相手が人であれ、ものであれ、ていねいに接することのできる人と、そうはできない人がいます。それは、他者への思いやりをもっているかどうかでわかれるにちがいありません。


ところで、小さいころ、「ものを粗末にするとバチがあたるよ」と言ってよく母親から注意されたものです。それは、「ものを粗末にするような人間は、しあわせにはなれない」という教えだったと、いまになって思います。

11　水や電気の節約

水や電気の節約とは、仕事のうえではムダなコストをおさえるということです。必要でない部屋の電気は消す、水道の蛇口をあけっぱなしにしない。帰るときには、忘れずにコピー機やパソコンの電源を切る。そうしたこまかな意識が、ほかにも節約しようというムードをつくりあげ、企業の利益につながります。

さらに、もっと大きな視野に立つと、限られた地球資源を大切にするということです。

近年、地球温暖化で、さまざまな異常現象が起きています。私たちが、決められたワクをこえ、必要以上に資源エネルギーを使っていることが大きな原因でしょう。

なお、「節約」「倹約」というとなんだかケチくさい印象がありますが、ムダにしないで与えられたものを大切につかっていくということです。

ただし、節約するあまり、相手に不快さを与えてしまわないような配慮も忘れてはなりません。

12 食事のまえは「いただきます」の合掌《がっしょう》

食事のまえには、手を合わせて「いただきます」。食事が終わったら、「ごちそうさまでした」。

それが、ごくしぜんの美しい姿ではないでしょうか。

ところが、以前に「給食費をはらっているのだから、学校でわざわざ『いただきます』と言わせるのはおかしい」や「宗教的行為を学校に持ちこむな」といった投書が新聞に出て、話題になったことがあります。

そんな屁《へ》理屈を言わずに、朝は「おはようございます」、帰るときには「さようなら」とあいさつをするように、食事の前後にも「いただきます」「ごちそうさまでした」とあいさつをするのが礼儀だと、どうして考えることができないのでしょうか。子どもたちがあいさつをきちんとできるように、また感謝の気持ちを忘れないように育てるのも、大切なおとなの役割です。

なお、手を合わせる以外に適当な動作があればかまいませんが、まずは感謝の気持ちを表す習慣を身につけさせたいものです。もちろん、これは子どもだけの問題ではありません。おとな自身にも必要でしょう。

ところで、いま小学校で、高学年の生徒が自分でつくった弁当を学校にもってくる「弁当の日」が、少しずつひろがりはじめているといいます。ひとりで弁当をつくることで、子どもたちがたくさんの気づきとまわりへの感謝の念が生まれ、また家族もそのあまったおかずを食べることでコミュニケーションが深まっているそうです。なかなか、よいことだと思います。

13　不要なもの音は立てない

ものに対していたわりの心がなければ、乱暴なあつかいかたとなり、つい大きな音を立ててしまいます。テーブルにものを置くとき、ドアを開け閉めするとき、階段をのぼりおりするとき。テーブルやドア、階段に対してのやさしい気持ちがあれば、もの音はそんなに立てなくてすむはずです。

また、私たちは、自分が「うるさい」と感じないかぎりは、どんな音を立てようと平気なものです。しかし、目の前にいない第三者への思いやりがあれば、もの音を立てることはつつしむでしょう。

ドアの開け閉め、スリッパやクツの音。そんな小さなところにも、まわりの人への思いやりがあらわれます。

ところで、私は、ここ二十数年、クルマのクラクションを鳴らしたおぼえがありません。あいさつや合図のかわりに鳴らす人がいますが、当事者以外が聞くと、驚いたり、不快さを感じたりするだけでしょう。本来は危険を知らせるためのものでしょうが、安易に鳴らしすぎる人が多いように思います。また、クラクションを鳴らさないように心がけることで、危険な目にあうような運転のしかたもなくなっています。

14
脱《ぬ》いだハキモノはきちんとそろえる

以前、永平寺《えいへいじ》（福井県）のトイレで、つぎのようなはり紙を見たことがあります。

「そろえても　そろえても　またそろえても　みだれる下駄《げた》を　たれかそろえん」

まず自分の家のハキモノからそろえよう、そういう素心学塾の塾生が多くいます。はじめは塾生であるおとうさんがひとりで、子どものクツから奥さんのサンダルまでそろえていきます。しかし、だんだんと小さな子どもさんがおとうさんの姿を見て、自分のクツだけでなく家族みんなのぶんまでそろえるようになってきます。また、学校の体育館で、友だちが脱ぎ散らかしたクツをそろえる子どもさんまで出てきています。
はじめのうちは、おとうさんが「そろえてもそろえても」、なかなかきれいにならなかった玄関ですが、子どもさんが変わり、家族が変わり、ハキモノがきちんとそろう、クツ箱にもちゃんと入れる、そういうようになっていく家庭がたくさんあります。

また、旅館やホテルの大浴場で脱がれたスリッパが散乱している光景を目にすることがあります。せっかく心をいやしにきたのに、残念でなりません。

脱いだハキモノには、その人の心があらわれます。

15　グチや悪口はひかえる

人のことを悪く思って、ついグチや悪口を言ってしまう——。

それも、また心のクセです。

こちらの思いどおりにならない、自分の考えとはちがっている。そんなとき、相手をこころよくは思えません。

しかし、よく考えてみると、こちらの都合を優先させようとしていた、あるいは相手の言うことを受け入れようとはしていなかった、というようなことが多いものです。

相手のよさが見えずに、悪いところや欠点ばかりに目がいく——。

それは、自分の心がまだまだ未熟なままだからです。相手の心のなかにある、自分と同じイヤな面にはすぐに意識がいきます。ところが反対に、こちらにないすぐれた面を相手がもっていた場合には、なかなかそれに気づくことができません。それを「すばらしい」と認める能力がないからです。

こんなふうに、人の悪いところに気づきやすいのは、自分自身にも同じ欠点があるからです。また、相手のよいところに目がいかないのは、自分のなかにそのよさが欠けているからです。あるいは、それがどれほどすばらしいことかが理解できないからにちがいありません。

グチや悪口を言うと、それに比例してなおさら相手への不満が大きくなってしまいます。グチや悪口を言って、ときにスッキリとウサをはらすことも必要かもしれませんが、言えば言うほど「自分のいたらなさ」をふくらませる結果にもなりかねません。ほどほどにしておきましょう。

16　飲食は美しく、腹七分《はらしちぶ》に

外食をしたとき、たくさんの料理が運ばれて、食べきれずに困ることがあります。

そんなときには、あらかじめ自分の食べることのできる量を頭のなかで計算して、食べきれないと思うぶんには、ハシをつけないようにしています。あちらこちらをハシでつっついたり、お皿に食べ散らかしたりしているのは、みっともないものです。また、料理をしてくださったかたにも、失礼でしょう。

なお、若い人でも、あまり腹いっぱいに食べすぎると、からだによくはありません。消化器系などの内臓を酷使《こくし》したり、栄養がかたよったりするからです。

むかしから、「腹八分に医者いらず」と言われているくらいです。

ところで、私は、「腹七分」くらいでよいのではないかと思っています。

人間は食欲にはなかなか勝てないもので、「腹八分にしておこう」と思っていても、ついつい九分になり、とうとう腹いっぱいになってしまいます。そこで、最初から「腹七分」と決めておくと、八分か九分でブレーキをかけることができやすくなるでしょう。

なお、「自然行」のときの食事は、一日に夕食を軽くとるだけです。

そして、自然のなかを歩きまわるわけですが、心身が軽快で、体内のよごれが浄化されていくようです。

17　ものごとの好ききらいはつつしむ

食べものの好ききらいがある人が、多いようです。病気や体質の問題でなければ、第二章「素心のしくみ」で述べたように「業の意識」の過度な働きによるもので、いったん「きらいだ」と思ったらもう受け入れることができないようになってしまうからでしょう。

こうした傾向は、食べものだけにとどまりません。

「あの人とうまくいかない」「あの人がきらいだ」、そう思い込んでしまうと、ついついその人をさけたり、なにかにつけてその人のことを悪く思ったりしてしまいます。

また、仕事においても、「苦手《にがて》だ」「自分には合わない」と思い、「ムリです」「できません」などとえり好みをするようになるでしょう。

しかし、合わないと思っていた人が意外と親切にしてくれたり、「イヤだな」と思っていた仕事がうまくいって自信がついたり、思いもよらない喜びがあるものです。

きらいな食べものも、あらためて口に入れると、そのほんとうのおいしさを発見できたり、栄養のバランスをきちんと保つことができるようになったりします。

「食べものの好ききらい」は、人や仕事、ものごとの好ききらいを生みます。

きらいなもの、苦手なものにも目を向けてみると、新しい可能性が大きくひろがることでしょう。

18　ものごとの処理は機敏《きびん》に

経営者の手腕《しゅわん》は、「いかに問題をすばやく、かつ的確《てきかく》に解決するか」にあらわれるといってよいのかもしれません。会社経営をしていると、「うちの会社は、問題製造業か」と思うくらいにつぎからつぎへと問題が起こるものです。

したがって、その解決を一日延ばしにしていると、対応がおくれ、たいへんな損害を受けることにもなりかねません。特に中小企業においては、管理者や社員にその問題解決をまかせるのではなく、経営者みずからが先頭に立たなければならないでしょう。

また、なにかを依頼《いらい》したときに、すぐに処理をしてくれる人と、こちらが催促《さいそく》をしなければ進めようとしない人がいます。

両者には、引き受けるときから、ちがいがはっきりと出ています。すぐに処理ができる人は、「はい、喜んで」という気持ちのよい返事です。催促をしなければならない人は、「えっ、私がやるのですか」という雰囲気で「しかたなく引き受ける」といった態度です。

たしかに、引き受けるときのいそがしさなども考慮に入れなければなりませんが、そうしたことには関係なく、いつでも前者はすぐに心地よい「はい」、後者はなにか前置きがあってからの返事となるようです。

ものごとをあとまわしにするクセをあらためて、まわりに安心と喜びを与えたいものです。

19　ずるく、いやしい行為《こうい》はつつしむ

自分の利益ばかりを優先させようとすると、ずるく、いやしくなります。

たとえば、目の前におまんじゅうが出されたとします。おまんじゅうは十個あります。まわりを見ると、自分をふくめて十人の人がいます。「うまそうなおまんじゅうだな。これは、私の前に置かれたおまんじゅうだから、私のものだ」といって、ひとりで全部食べてしまう。すると、それを見たまわりの人は、どう思うでしょうか。

きっと「ずるいぞ」、あるいは「いやしいな」と顔をしかめるにちがいありません。

案外、これと同じようなことを私たちはやってしまっています。

自分ひとりが得をしたらいい、自分の会社がもうかったらいい。そんな考えがさまざまなトラブルを生み出しています。

私たちは子どものころに自我が芽ばえ、生きていくために自分を中心としたものの考えかたを身につけます。これが「自我の意識」です。ところが、そのままほうっておくと、だんだんと自分のことしか考えられない人間になってしまうのです。

いったんは、自分中心となったモノサシの目盛《めもり》を、どこまで他人のほうへずらしていくことができるのか。それが、素心学での学びとなります。

20　早起きの励行《れいこう》

日がのぼり、日が沈む。そうした太陽の動きに合わせて、活動をはじめ活動をやめる。それが、人間本来の生活のリズムです。朝は、日の出までには目をさましたいものです。

早起きをすると、朝の時間にゆとりが生まれます。「素心の五行」に取り組む。家族と会話をする。早めに出社する。朝のゆとりは、一日のゆとりへとつながります。

また、早起きをするには、早く寝なければなりません。すると、暴飲暴食や夜ふかしをつつしみ、健康によい生活を心がけるようにもなるでしょう。

なお、早朝のさわやかな時間帯で「素心の五行」をおこない、一度「静かな喜び」を味わうと、それからは早起きしないことがもったいなく感じられます。

また、朝、身だしなみをととのえて出勤するように、「心」をととのえることも重要です。その日一日を左右するでしょう。

休日も、からだを休めることはもちろん大切ですが、遅くまで寝てしまうのではなく、朝の時間を有効に使いたいものです。

心身の健康をはかり、早起きを励行しましょう。

21　一日の終わりは静かに反省

これまでにあげた二十の項目について、きょう一日どうだったのかをふり返ってみることが必要です。寝床の上で禅的瞑想をしたあと、心静かに反省してみましょう。

いたらないところがあれば、「あすは、かならず改《あらた》めよう」という気持ちをもちたいものです。

反省は、なにか失敗したときや、だれかから注意を受けたときにするものではありません。そのような状態になるまえに、自分自身の一日一日を毎日チェックすることが大切です。そして、そのつど軌道《きどう》修正していくと、大きく道をふみはずさなくてすむでしょう。

ただ漠然《ばくぜん》と反省するのではなく、この章にあげた「日常の心がけ」の

1～21までをひとつずつ確認していきましょう。

すると、「笑顔を忘れていたな」「言葉づかいがまずかったぞ」「あの人にあやまろう」といった、自分自身の「あすへの課題」が必ず見えてきます。

自分自身の一日をふり返って反省することが原則ですが、家族の協力を得て「二十一項目が実行できたか、どうか」をチェックしてもらうのもよいでしょう。

家族の評価は意外にきびしく、それが「正しい評価」だと思ってもさしつかえありません。身近な人が、いちばんよく見ているものです。

【要点】

日常の心がけ（素心の実践）二十一項目

1　笑顔であいさつ
2　正しくやさしい言葉づかい
3　清潔でさわやかな身だしなみ
4　腰骨を立てた正しい姿勢
5　「はい」という明るい返事
6　なごやかな気持ちで相手に応対
7　人の話はていねいに聴く
8　身のまわりの整理整頓
9　約束、規則は必ず守る
10　ものは粗末にせず、大切にあつかう

11　水や電気の節約
12　食事のまえは「いただきます」の合掌
13　不要なもの音は立てない
14　脱いだハキモノはきちんとそろえる
15　グチや悪口はひかえる
16　飲食は美しく、腹七分に
17　ものごとの好ききらいはつつしむ
18　ものごとの処理は機敏に
19　ずるく、いやしい行為はつつしむ
20　早起きの励行
21　一日の終わりは静かに反省

第六章　素心の学習

――学ぶとは、行動することである

「素心の学習」とは、「素心学」に関する著作物を精読する、勉強会に参加する、良書を読むことなどがあげられます。

しかし、「学ぶ」とは、ただ単に知識をふやすことではありません。

〈学ぶ＝行動〉

この等式がなり立たない学習は、「素心の学習」ではありません。学びと行動が一致することが、「素心学」の本質です。

学行一致《がくぎょういっち》

（月刊「素心」第八五号　平成十七年一月）

学びは行動のきっかけづくり

ひとつの節目《ふしめ》となる第十期耕心塾《こうしんじゅく》（素心学塾一年目の基本課程）修了式の席上で、私はつぎの文章をみなさまに配って読みあげました。それは、「学ぶ」ことの意味をもう一度考えていただきたいと思ったからです。


「学行一致」

学ぶことは行動のきっかけづくり、行動は学んだことの証《あかし》です。

学んで行動を起こさないのは、真に学んだことにはなりません。

学ぶことは、行動することです。素心学は、行動する学問です。

素心学塾がスタートしてまる十年（注・平成十七年一月当時）。入塾一年目の人たちで構成される耕心塾と合わせると、現在は百名を超える人たちが「素心学」を学んでおられます。

その素心学塾での学びは、塾長である私の話を聴くだけでは不十分といえるでしょう。その後どういう行動をとったのかが大切です。

したがって、今回の勉強会から次回の勉強会にかけてつぎのような動きが求められます。

①　講義を聴く。

②　さらにその内容をよく考える。

③　自分の行動方針を立てる。

④　日常生活や仕事の場で実践する。

⑤　その結果を発表する。

このくり返しが素心学塾での学びの型です。

つまり、勉強会での体験発表は、スピーチの技術を向上させるのが目的ではありません。①から⑤までをどのように取り組んだのかを表すためのものです。真剣に取り組んだ人の発表には説得力があります。さらにその結果、人間的な成長の兆《きざ》しが、内容だけではなく、口調や表情、態度にもにじみ出てくるようになります。

生かした学びを持ち寄る

こうしたことをかさねていくうちに、それは長い年月を要しますが、確実に自己改革が実現されるのです。

他人との比較はしません。過去の自分と現在の自分を比較して、一歩でも前進していれば、それが成長なのです。学ぶことで、自分自身の成長を促《うなが》すことができなければば意味がありません。

ところで、私は三十代半ばのころ、税理士として、あるいは財務会計の講師として、さらにもっとレベルをあげ、一流といわれる人物になりたいと願っていました。しかし、いくら専門知識をきわめたとしても限界がある、やはり人間性をやしなう必要があると考えるようになったのです。

そこで、いくつもの人間学のセミナーや勉強会に参加しました。ところが、その多くは宗教や思想哲学の古典と呼ばれる書物の解釈に時間をさき、いわゆる知識の習得に重点を置いていました。

残念ながら、そこに参加している人たちのなかに、人間的魅力を増していっている人物はなかなか見受けられません。むしろ、知識が豊富になったことを誇る能弁家のほうが目につき、知識が増えれば増えるほど彼らが一般社会から遊離していっているように思えてなりませんでした。私が求めていた「学びの場」は、そこにはなかったのです。

さて、人間学を学ぶとは、その知識を身につけることによって、他の人から敬《うやま》われ親しまれ、さらには世のなかや人のために尽《つ》くす行動ができるようになることです。ただ知識を得てそれをひけらかすのではなく、それが日常生活や仕事のうえに反映されなければなりません。

また、学んで偉くなったと思いこみ、まわりの人たちから煙たがられる存在になってしまっては何の意味もないでしょう。

私は、「学行一致」の場として素心学塾をつくりました。そこは、生きた学びを得るところ、活かした学びを持ち寄るところです。

これからも、さらにみなさまとともに研鑽《けんさん》を重ねていきたいと願っています。

【要点】

「学行一致《がくぎょういっち》」

学ぶことは行動のきっかけづくり、行動は学んだことの証《あかし》です。
学んで行動を起こさないのは、真に学んだことにはなりません。
学ぶことは、行動することです。素心学は、行動する学問です。

学びてときにこれを習《なら》う

（月刊「素心」第一〇七号　平成十八年十一月）

学ぶ喜び

孔子《こうし》の教えを説いた『論語』は、つぎの言葉ではじまります。

「学びてときにこれを習う、また説《よろこ》ばしからずや」

学問をして機会あるごとに復習すると、確実に自分の身についていく、なんとよろこばしいことだろう――。

「説」は「悦」と同じ意味で、「心のしこりがとけて、はればれとしたさま」を表します。

したがって、学びっぱなしではなく、おさらいをする。実際に自分で行動してみる。すると、「なるほど、そういうことか」と確実に自分の血となり肉となって、ほんとうの喜びを感じ取ることができます。

学んだことを行動に移して、しっかりと自分のものとする。そうした姿勢を、「学行一致」といいます。学んだことが生かされないようでは、意味がないでしょう。

また、孔子はつぎのようにも言っています。

「学びて思わざれば、すなわち罔《くら》し。思いて学ばざれば、すなわちあやうし」

いくら多くのことを学んでも、自分自身に置きかえて深く思い返すことをしなければ、いつまでたってもぼんやりとして、なにもあきらかにはならないし、身にもつかない。また、自分だけのせまい思いだけでなく、謙虚に他人からも学ぶことをしなければ、ひとりよがりにおちいってしまう——。

私も、直面する問題をまずは自分でトコトン考えて答えを出します。つぎに、その答えが正しいかどうかを確認するために本を開いたり、しかるべき人に意見を聞いたりします。

そして、確信がもてたところで、その結論を実行に移します。素心学塾や耕心塾に参加することで、その糸口を見つけ出す人もいます。

学んだあとは、「ああ、なるほど、いい話を聞いたな」で終わってはいけません。学んで復習し、行動に移す。深く考え、謙虚に確かめる。そうして、はじめて自分のものとすることができるのです。

なお、『論語』には、こういう言葉もあります。

「過《あやま》ちてあらためざる、これを過ちという」

自分のあやまちに気づいても、それをあらためようとしないのが最大のあやまちだ、というのです。

自己の欠けているところに気づいて、そこを正していく。それが「学ぶ」ということです。

学びの姿勢

これら三つの言葉は、『論語』の中にはバラバラで書かれていますが、つなげてみると、ものごとを学ぶ姿勢が浮かびあがってきます。

1、学びてときにこれを習う、また説《よろこ》ばしからずや（学行一致）

2、学びて思わざれば、すなわち罔《くら》し。思いて学ばざれば、すなわちあやうし（謙虚に学ぶ）

3、過《あやま》ちてあらためざる、これを過ちという（自己を正す）

最初の「学行一致」を「素心学」に当てはめますと、「素心の五行」（禅的瞑想、歩行、柔体、写字、清掃）「素心の実践」（日常の心がけ）「素心の学習」を実行することです。

二番目の「謙虚に学ぶ」とは、みんなと交わって学ぶ。つまり、「学びの場」を持つということ。最後の「自己を正す」は、学びの結果、過去の自分よりも成長しようということです。他人との比較ではなく、また知識を増やすことでもありません。自分自身の変化だけではなく、まわりへもよい影響をもたらしたいものです。

本を読むもよし。人の話を聴くもよし。なにかの会に参加するもよし。しかし、いずれにしても「学びてときにこれを習う」という姿勢がなければ、真の意味で「学んだ」ことにはならないのです。

【要点】

学ぶ姿勢

1、「学行一致《がくぎょういっち》」（素心の五行、素心の実践、素心の学習の実行）
2、「謙虚に学ぶ」（みんなと交わって学ぶ。学びの場を持つ）
3、「自己を正す」（学びの結果、過去の自分よりも成長する）

学《がく》・思《し》・行《こう》・伝《でん》

（月刊「素心」第一一七号　平成十九年九月）

素心学塾では、その学びの型を「学・思・行・伝」としています。

①　基本を学び、仲間と研鑽《けんさん》しあう「学《がく》」。

②　学んだことを自分自身に置きかえて思い返す「思《し》」。

③　その学びを生かす「行《こう》」。

④　さらに学びを深め、自分自身を正していく「伝《でん》」。

これらのくり返しで、「素心学」を身につけていきます。

①「学《がく》」（学習する）

定例の勉強会に参加することが「学」の第一歩です。三十分ほどまえから塾生たちが集まりはじめ、一人ひとりがわざわざ私の席まで来て笑顔であいさつをしてくれます。

その後、あちこちで短い談笑。そして開始時刻まで、それぞれがイスに腰かけて禅的瞑想をします。会場は、だんだんとあたたかくやわらいだ空気につつまれていきます。

勉強会は「素心学」の定義の唱和ではじまり、前半は課題にしたがって各自二分間の体験発表をおこないます。

休憩をはさんで後半は、私が塾生の発表に対する感想を述べ、さらに「素心学」についてのお話をさせていただきます。

勉強会のしめくくりは、「素心の誓い」の唱和。終了後、はじまるまえと同じく一人ひとりがあいさつに来てくれます。「素心の実践」（第五章）の冒頭にある「笑顔であいさつ」をそれぞれが心がけているのです。

この場に身を置き、仲間と同じ空気を吸うことも、大切な学びにほかなりません。

②「思《し》」（復習する）

論語に「学びて思わざれば、すなわち罔《くら》し」とあるように、思い返さなければ学んだことが明確にはなりません。

ノートを読み返して勉強会のようすや内容を、もう一度頭のなかに思い浮かべる。それらを自分自身の立場や環境に置きかえて、具体的にとらえ理解する。

さらに、これからの行動を考える。学習内容をレポートにまとめる。ホームページ上の「勉強会報告書」で要点を確認する。わかりにくいことは、塾生同士で意見交換する。また、直接、私に質問をして理解する。これが「復習」です。

そして、自分が発表した内容も思い返して、行動に移しやすいように文章として残します。聞きっぱなし言いっぱなしではなく、きちんと自分のものにしておくことが「思」（復習）です。

学んだことや言ったことは、実行しなければ意味がありません。素心学塾には、「学ぶことは行動することである」という「学行一致《がくぎょういっち》」の精神があります。

したがって、塾生なら「行動するために学習している」と言い切ることができるでしょう。

③「行《こう》」（行動する）

「素心学」は人間の徳性を身につけるための「人間学」ですので、専門的知識や技術を修得する「専門学」以上に行動がともなわなければその意味がありません。

心を素直にすることで、あたたかい人間性が生まれ、まわりを思いやる行動をとることができなければならないのです。

もの知りになって他の人を見くだしたり、相手より優位に立つことを喜んだりするために学ぶのではありません。「やさしくなったね」「おだやかな雰囲気に変わったよ」「しっかりと話を聴いてくれるようになった」、身近な人からそう言われる塾生が増えてきていることをうれしく思います。

④「伝《でん》」（伝える）

自分の体験発表を、家族や職場の人たちにも伝える。塾で学んだ内容を、家庭や職場で伝える。月刊「素心」を親しい人とともに読み合う。こうして職場の朝礼や家族だんらんの場で、「学習」したことを伝える塾生も多くなってきています。

もちろん、言葉だけではなく、行動や態度で示すことが重要です。そのためには「学」「思」「行」がしっかりとなされなくてはなりません。

「伝える」とは、自分のものとして理解したことを他の人の前で表すことです。そのことで、さらに学びが深まります。また、「伝える」ことで、「言った手まえ、これじゃあ、いかん」と自分自身をいましめることもできます。そして「伝える」ことで、まわりにもよい影響をおよぼすことができます。

「広める」のではなく、「伝える」のです。「広げる」のではなく、「深める」のです。身近な人に「伝える」ことで、新しい「学び」がまたはじまります。

【要点】

〈学びの型〉

「学《がく》」基本を学び、仲間と研鑽しあう

「思《し》」学んだことを自分自身に置きかえて思い返す

「行《こう》」その学びを生かして行動する

「伝《でん》」さらに学びを深めるために伝える

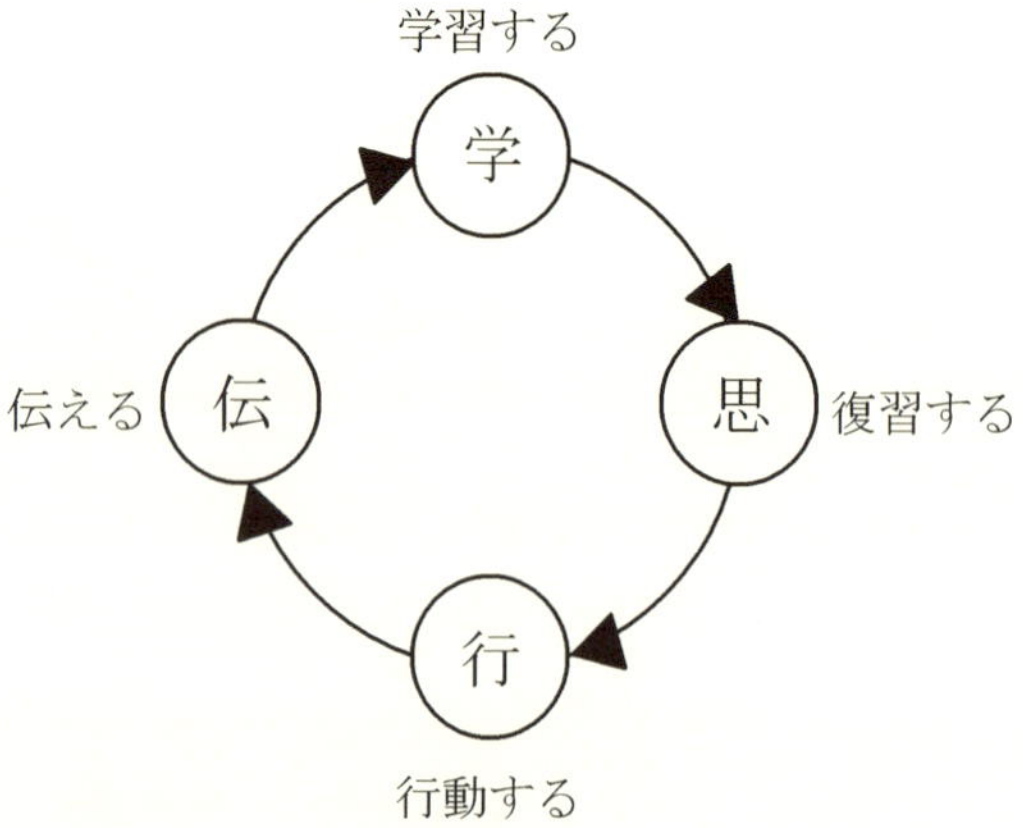

読書百遍《ひゃっぺん》、義《ぎ》自《おのずか》ら見《あらわ》る

（月刊「素心」第一一六号　平成十九年八月）

手アカで増す本の厚み

先月の素心学塾は、橋本尚二《はしもとしょうじ》さん（村上精機工作所社長）にご登場いただきました。お話の内容はもちろんですが、やさしくあたたかな話しかたや表情が塾生の心に残ったことでしょう。

その橋本さんは、平成十三年度の耕心塾生です。しかし、業務の都合などで残念ながら素心学塾へ進むことはできませんでした。

ところが、平成十八年の六月、橋本さんからお手紙が届いたのです。便せんをひらくと、そこにはこう書かれていました。

「読書百遍、完遂の報告です。九九年（平成十一年）十月に読みはじめた『素心学講義』、本日で百回読破しました」

私の書いた本を、なんと百回もくり返し読んでくださったというのです。

それから数日後、久しぶりにお会いしましたが、「士《し》別れて三日《さんじつ》なれば、すなわちまさに刮目《かつもく》して相待《あいま》つべし」という『十八史略』（中国宋時代の歴史書）のなかに出てくる言葉を思い出しました。

つまり、「立派な人物は、別れて三日後に会ったときには、もう目をこすって見なおすほど人間的に成長しているものだ」という意味です。おだやかにほほえむ彼の表情を見て、まさにそう思ったものです。

はじめて出会ったのころの橋本さんは、たいへん失礼な言いかたですが、三十歳代でまだまだエリート意識のぬけきらない企業後継者でした。そんな彼が、上梓《じょうし》したばかりの『素心学講義』を購入したのです。

そして、あるとき「もうこの本は十回読みました。三十回をさらに目標にします」と、報告してきました。

そんな彼に、「十回や二十回くらいで、私の思いが伝わることはないでしょう。百回読むと、私の言わんとするところがわかります」と、少しきびしい助言をしたのです。

そして橋本さんは、平成十八年五月末日、ついに百回目を読破されました。その間、じつに六年八ヵ月。彼の読んだ本を手にとると、手アカで実際のページ数よりも厚みが増して感じられるほどです。

裏表紙近くには、読了日が百回分書きこまれています。それらは、経営者となった橋本さんの〈歴史〉と重なる日々にちがいありません。

丸ごと受け入れるという覚悟

さて、百回をふり返って、橋本さんはつぎのようにお話をされました。

「三十回をこえたころは、少々惰性《だせい》で読んでいる感じもありました。しかし、経営上の問題が生じたときに、『あっ、この答えは、たしかあのページに書いてあった』と思うことがたびたび出てきたのです。

おかげさまで、いろいろな悩みを解決でき、社風も以前とはくらべものにならないくらいに変わって業績も上向いてきました。

なお、以前は社員からのあいさつに義務的にこたえている感じでしたが、いまは百名近くの社員が出社してくれていることに感謝し、こちらからあいさつをしていま
す」

こんなふうに自分自身と会社の変化を語ってくださいました。

一冊の本に、著者は魂を込めます。私も例外ではありません。

人生や経営について悩み苦しんだことの答えを、三十年かけて「素心学」という形で本に著してきました。それは、ただ文字を追うだけでは理解しにくいものかもしれません。しかし、読む人の心が書き手の気持ちや体験とかさなったときに、浮かびあがってくるものでしょう。橋本さんは、そこをつかまれたのです。

むかしから、「読書百遍、義自《おのずか》ら見《あらわ》る」と言われています。

これは、一冊の本をなんどもくり返し読むことで、自然とそこに書かれていることが自分のものになるという意味です。「自分のものになる」というのは、知識が深くなるというのではなく、書いた人の気持ちが手にとるようにわかり、その人と同じ考えかたをもつことができるようになるということです。

私たちは、ともすれば学びを広げようと、たくさんの本を読んだり、さまざまな講演会に顔を出したりしがちです。

そして、自分にとって都合のよいことだけを「なるほど、ためになった」と受け入れてしまいます。

しかし、一冊の本を熟読する、くり返し読む。そこに書かれていることをとやかく言わずに丸ごと受け入れてみる。ひとりの話をじっくりと聞き、耳の痛いことでもあえて行動に移す。そうした覚悟が、人間をひとまわり大きく成長させるのではないかと思います。

【要点】

一冊の本を熟読する、くり返し読む。そこに書かれていることをとやかく言わずに丸ごと受け入れてみる。ひとりの話をじっくりと聞き、耳の痛いことでもあえて行動に移す――。

そうした覚悟が、人間をひとまわり大きく成長させます。

第七章　素心の徳目

――品性豊かに生きる二十の項目

「品《ひん》」とは、その人が生まれてきてからの「人格の完成度合」です。それが高いと「上品」、低いと「下品」と言われます。品性をはかるモノサシに、素心学では二十の目盛《めもり》をつけています。

いちばんはじめの「素直」は、他の徳目に優先するものです。それを身につけると、ほかはしぜんと自分のものになるといってもよいでしょう。

品性豊かな生きかたのバロメーターとして、また「どれだけ素直な心に近づくことができたか」をはかる目盛として、ひとつひとつの項目を確認してみませんか。

1

素直《すなお》

人の話や身のまわりに起こるできごとを
あるがままに受け入れる

「素直」とは、つぎのふたつの状態をさします。

1、人の話を「はい、わかりました」と聞き入れる。
2、なにかことが起きたときに、「起こるべくして起こった。ありがとうございます」と受け止める。

わがままでまわりに迷惑をかけることが、「素直さ」なのでは決してありません。正しい心（良心）にしたがった行動ができることが、「素直さ」です。

ところが、私たちは「正しい心にしたがい、そのまま行動する」ことがなかなかできません。それは、「自分にとって損か得か」、あるいは「自分に都合よいか、悪いか」でものごとを判断する意識（自我の意識）が働くからです。また、「そんなこと、いままでだれもやっていない」「面倒だ」「照れくさい」といった、これまでの知識や経験（業の意識）が頭をもたげてきます。

これらの意識が、私たちの心の上におおいかぶさって、正しく行動しようとする思いをさまたげてしまいます。それが心のクセです。

このクセが取りのぞかれ、心がまっすぐになったときに、私たちは人として本来あるべき正しい行動や自然の流れにそった生きかたができるでしょう。

したがって、「素直」になることができれば、他の徳目もしぜんと身についていくにちがいありません。

2 謙虚《けんきょ》　えらそうにせず、つつしみ深い態度

どんなに社会的地位があがったとしても、勉強や仕事ができるようになったとしても、自分をえらいものと思わず、つつしみ深い態度でなければなりません。

人は、はじめのうちは謙虚なものです。入社したて、取引をしたて、友だちになりたて、結婚したてのころ、など。

しかし、だんだんとその状態になれ、ありがたさが気持ちのなかからうすれていきます。その状態があたりまえだと、思ってしまうようになります。すると、謙虚さがなくなってしまいます。

私自身にも、そんなときがありました。その自分自身のふがいなさを反省し、「謙虚さがなくなる兆候」（第四章「素心の誓い」）を書き出しま

した。そして、いまでも目につくところに置いていています。

「謙虚」の反対は、「傲慢《ごうまん》」です。おごり高ぶり、人を見くだしてしまいます。人に対する思いやりもなくなり、自分自身の姿すら見えなくなってしまいます。

そうなると、人間関係もうまくいかず、仕事や社会生活にも支障をきたしてしまいます。

あてはまることがないかどうか、「謙虚さがなくなる兆候」の十四項目（「第四章　素心の誓い」）をチェックしてみましょう。

3　礼儀《れいぎ》　相手をうやまい、不快さを与えない

まわりの人たちとよい人間関係を保つには、礼儀が欠かせません。礼儀作法というと、とてもむずかしく考えてしまいますが、その基本は「あいさつをする」ことです。

看護師のSさんは、仕事の引き継《つ》ぎなどのいそがしさもあって、朝は特定の同僚としかあいさつを交わしていませんでした。しかし、職場のムードをよくしたいと考え、ナースステーションにいる全員に「おはようございます」とあいさつをするようにしました。交代勤務で、あとから来る人にも、自分のほうから声をかけてあいさつをします。すると、職場の雰囲気がだんだんとなごやかになり、チームワークも見ちがえる

ほどよくなり、仕事もいちだんとスムーズにはかどるようになったそうです。

また、美容師のTさんが、閉店後に本を読んでいると、後輩が「お先に失礼します」とあいさつにきました。Tさんはすぐにイスから立ちあがって、「お疲れさまでした」とあいさつを返しました。先輩であるTさんがわざわざ立ちあがってあいさつを返してくれたことに、後輩はとても感激したようすです。そのことから、Tさんは、目下の人に対してでもていねいにきちんとすることが大切だと学びました。

礼儀正しさとは、相手をうやまい、不快さを与えないことです。そのことで心がかよい合い、人間関係の絆《きずな》が強くなります。また、礼儀正しさは、その人を美しくします。

4　誠実《せいじつ》

まじめでウソがなく正直《しょうじき》である

まじめでウソがなく正直なことが「誠実」です。その反対は、「陰《かげ》ひなたのある行動」、あるいは「チャランポラン」でしょう。

私が、工業高校を卒業して、金属関連の工場で働いていたときのことです。負けん気の強かった私は、仕事でも「同僚や先輩に遅れをとるまい」、いや「もっとその上を行こう」という気持ちで働いていました。

ところが、職場のなかには、上司がいるところではまじめに働き、いないところでは適当にサボる連中がいました。あるとき、彼らが「おい、職場の和を乱すな。少しはセーブして、歩調を合わせろ」と言ってきたのです。もちろん、私は受けつけません。それどころか、上司が見まわりに来たときに、腰をおろしてわざと缶ジュースを飲んで、いなくなると一所懸命に働くというような正反対の態度をとりました。これは決して正しい行動とは言えませんが、人が見ているときにだけよいカッコウをしようとする彼らへの抵抗でした。その後、職場の慰労会で、ある上司から「池田くん、やりにくいだろうが、くじけずにやってくれよな」と声をかけられ、「ちゃんと、見ていてくれる人がいる」と心強く思ったものです。

誠実さは、時間はかかるかもしれませんが、いつかはきっと花を咲かせ、実をむすびます。その反対のおこないは、その場ではトクをした気になるでしょうが、長い目で見ると、むしろマイナスであることが多いものです。

5　勇気《ゆうき》　いざというときに、腹を決めて行動する

いざというときに、しっかりと自分の腹を決めて行動する気概《きがい》が「勇気」です。

素心学塾塾生今崎《いまさき》拓《たく》さんの奥さま知子《ともこ》さんは、平成二十年春に「自分の危険をかえりみず人命の救助にあたった人」に授けられる紅綬褒章《こうじゅほうしょう》を受けられました。

知子さんは、ふたりのお子さん（三歳の長女と四ヵ月の長男）といっしょに近所の公園を散歩していたとき、池のほうでポチャンという音が聞こえました。見ると、水の中で小さな女の子がウデをバタバタさせています。知子さんは、子どもたちによく言い聞かせてから、池へ向かって

走り出しました。クツをぬぎ、柵《さく》を乗り越えて足から池のなかにはいりました。アゴの下まで水につかり、おぼれている女の子を抱きかかえ、そして岸にいた人たちに引っ張りあげてもらいました。

知子さんは、水泳の心得《こころえ》も多少あり、「岸から二、三メートルのところだから、大丈夫」と判断したのです。決して無謀《むぼう》なことをしたのではありません。とっさに状況を判断し、「おぼれている子を助けたい」という思いにしたがい、勇気ある行動をとったのです。

正しい心（良心）にしたがう素直さを、「勇気」と言ってもよいでしょう。

なお、人生や仕事のうえでの問題解決にあたっては、ときには潔《いさぎよ》く退《しりぞ》くことが必要なこともあります。それも、また勇気のいることです。

6　平静《へいせい》　落ち着いて、心静かにかまえる

落ち着いて、心静かにかまえられることが「平静」です。

むかしの私は、ささいなできごとに心を乱し、感情のコントロールができずに、いつも苦しんでいました。

ところが、「諸行無常《しょぎょうむじょう》」「因縁生起《いんねんしょうき》」（どちらも仏教用語）というものごとの考えかたが理解でき、また「素心の五行」をかさねることにより、おだやかな日々を手に入れることができるようになりました。

〈諸行無常《しょぎょうむじょう》〉

世のなかのすべてのことがらは、ひとつのところにとどまることなく、たえず変化し流れていきます。（顔にシワ、頭に白髪《しらが》を見つけると、人

は「老いがはじまった」と落胆《らくたん》します。しかし、生まれてきた者は、老いてやがては死を迎えるというのが自然の流れです。だから、あわてふためくことも、なげき悲しむこともありません。どんなに美しい花でも、枯れてしまうものです）

〈因縁生起《いんねんしょうき》〉

世のなかのすべての現象は、なんらかの原因があって起きるもので、意味なく発生することはありません。（地球温暖化も、交通事故も、まさにそのとおりです。なぜそうなったかという意味を、よく考えなければなりません。すると、災難も、私たちの生活や考えかたを正す、よいきっかけと受けとめることができます）（第一章「素心学の概要」参照）

カァーッと頭に血をのぼらせたり、いつまでも落ち込んでいたりでは、決して正しい考えかたをもつことができません。「諸行無常、因縁生起。すべては、天のはからい」と受け入れて、平静を保ちましょう。

7　清潔《せいけつ》

身も心も清々《すがすが》しく、汚《よご》れていない

身も心も清々しく、汚れていないさまを「清潔」といいます。

私は、「清潔」にするために、つぎのことを心がけています。

- **身だしなみを清潔にする**
- **部屋や周辺の清掃をおこなう**
- **整理整頓をする**

仏教に「唯心所現《ゆいしんしょげん》」という言葉があります。「心の状態は、その人の身のまわりにあらわれる」ということです。心が乱れているのか、きちんと落ち着いているのか、それは隠《かく》しきれるものではありません。

以前の私は、机の上いっぱいに、たくさんの書類や雑誌、資料をつみあげて、「忙しいから、しようがない」と開きなおっていました。ところが、それは「自分の心が整理整頓されず混乱している状態を、そのままさらけ出しているのと同じだ」と気づき、改めるようにしました。

なお、私たちの心の奥底には「美しいもの、清々しいもの」を好む意識があります。それが、心のクセでゆがめられると、「清潔さ」にうとくなってしまいます。

身のまわりを清潔にするということは、心を磨《みが》くことにほかなりません。

8

和顔《わげん》　柔和《にゅうわ》なほほえみ

柔和なほほえみを浮かべた顔を「和顔」といいます。

私は、Ｂ５判サイズの手帳の表紙を開いたすぐのところに、「いつもニッコリ」と大きく書いています。毎年、手帳を取り替えるたびに、そう自分自身で書き込んでいます。

人と出会ったときに、ニッコリとされるとほんとうにうれしいものです。ところが、それに対してこちらは、ニッコリとほほえんでいるだろうか――。そう考えたことがあります。

たしかに、機嫌のよいときにはニッコリとできています。しかし、なにか腹立たしいことやイライラすることがあったときには、そんな表情はできていません。出会った相手には、なんの関係もないのにもかかわらず——。

そう気づいてから、私は「自分がされてうれしいことを、相手にもしよう」と思い、「人と出会ったときにはいつでもニッコリとほほえむことのできる人間になろう」と心がけました。

若いころから感情の起伏《きふく》のはげしかった私は、すぐにそれを顔にあらわしていましたので、「いつもニッコリ」など並大抵《なみたいてい》のことではありません。しかし、虫のいどころの悪いときにでも、顔を引きつらせてムリに笑顔をつくってみました。すると、顔につられて気持ちもだんだんと柔和になっていくことがわかりました。

手帳に書いた「いつもニッコリ」を毎日目に焼きつける。「素心の五行」で、無心になり、心に静かな喜びを植えつける。そうしたことのくり返しで、近ごろは「いつもニコニコしていますね」と言っていただけるようです。

9

愛語《あいご》　やさしい言葉をかける

やさしい言葉をかけることが「愛語」です。

ついカァッとなって相手を怒鳴りつけたり、心ない言葉で相手をキズつけたり、そんな経験が私にもあります。

しかし、「言葉には刃物のように相手を突き刺す力がある」とわかってからは、ひとことひとことを慎重に選んで話すようにしました。また、強い口調で話すこともつつしみました。

はじめのうちは、頭のなかで「こういう言いかたで、よいのか」と自問自答しながら会話をするわけですから、たしかにぎごちない話しかただったにちがいありません。しかし、感情のコントロールや相手を思いやることが身につき出してからは、スムーズな話ができるようになったようです。

また、現在では、余程《よほど》のことがないかぎり、大きな声を出して社員や家族を注意することはありません。つねづね「なにが正しくて、なにがまちがっているのか」「よいことと悪いことの区別」などをきちんと話しているので、もう叱る必要もなくなったからでしょう。

「愛語」は、相手を正しく導くものです。

したがって、なにか不都合が起こったときに注意を与えて改めさせることよりも、ふだんから相手の心にじっくりとしみ込むように話し聞かせておくことが大事です。

相手を否定しない、相手の存在を尊《とうと》ぶ、やさしい眼差《まなざ》しをむける。これが「愛語」の基本です。

10

温厚《おんこう》　おだやかで情《じょう》に厚《あつ》い

「温厚」とは、おだやかで情に厚い人がらです。といっても、自分の情だけにふりまわされる人は、「温厚」とは言えません。

私は、自分の短気でわがままな性格は「ずっと直《なお》らない」と思っていました。日常のささいなできごとにいちいち腹を立て、すぐに相手を責《せ》める。そして、「これが自分の個性で、男らしい」とさえ考えていたからです。そんなふうに若いころの私は、「温厚」とはほど遠いところにいました。

ところが、そんな私の気持ちを砕《くだ》くようなことがあったのです。

結婚したばかりのころ、私たち夫婦は、大阪で家内の母親といっしょに生活していました。

ある晩の食事のとき、理由は忘れましたが、なにかで私が腹を立て、こともあろうか、手にした茶わんをほうり投げてしまったのです。すると、それを見た母親が、「繁美さん、あんた、カンちがいしてるで。気ぃが短いことをええカッコウのように思うてへんか」、そう言うなり、自分がにぎっていたハシを両手で折ったのです。「ええか、気ぃの短いのは折れたハシと同《おんな》じや。短こうて、なんの役にも立たん」。私には、もう返す言葉がありませんでした。

それからしばらくして、「自分の個性だ」とある意味で得意がっていた性格は、「人間として単に未熟なだけのこと」と気づくようになりました。

気性《きしょう》のはげしさは、個性でもなんでもない、未熟なだけだ。温厚な人がらでなければ、一人《いちにん》まえではない——。

そうした思いが、私を変えてきました。

11

義理《ぎり》

恩《おん》を返すために、おこなうべきこと

まわりから受けた恩は、しっかりと胸にきざんで忘れないようにしなければなりません。その恩を返すべく、人としておこなう務《つと》めが「義理」です。

私も、ここまで無事《ぶじ》に生きてこられたのは、ほんとうに多くの人びと、自然界や社会制度のおかげだと感謝しています。そのご恩に報《むく》いるためのお仕事を、さらに心がけていこうと思っています。

さて、私の恩人のおひとりであるKさん。

私は、二十八歳で脱サラし、簿記《ぼき》を教える教室を開きました。その準

備段階で、教室にするマンションの一室の頭金を払い、売買契約も済ましていたところ、突然「あなた名義では金融機関から住宅ローンが受けられないので、すぐに残金を払わなければこのマンションの引渡しはできない」と業者が言ってきたのです。困った私は、「どうしたものか」とKさんに相談しました。すると、Kさんは、私を取引のある銀行に連れていき、保証人になったうえに私の借入金と同じ額の定期預金をして、私への融資を取りつけてくれたのです。

おかげで、無事開業することができました。その後も、生活が楽ではない私たち夫婦を、よく食事にさそってはごちそうしてくださいました。

もうすっかりご高齢になられましたが、Kさんご夫妻は、私ども夫婦が訪ねると、いつもたいへんに喜んでくれます。

Kさんの笑顔に、「義理」を欠《か》かないことの大切さを学んでいます。

12 鷹揚《おうよう》　ゆったりとして、コセコセしない態度

鷹《たか》が大空を飛ぶそのようすから、「ゆったりとしてコセコセしない態度」を「鷹揚」といいます。

気の利《き》かないことや、ものごとへの対応がルーズなことは、決して「鷹揚」とは言いません。ほんとうはよく気がついて敏感に行動できる人が、必要以上に神経質にならず落ち着き払った態度でふるまうことができる。それが「鷹揚さ」です。

特に、リーダーには欠かせない徳目です。上に立つ人が、いつもイライラ、セカセカしていたのでは、ほかの人たちに余計な気を使わせたり、落ち着きのない雰囲気をつくり出したりします。

そういう私も、むかしはせっかちで、社員たちにいつも緊張感を与え

ていました。

そこで、つぎのことを意識しはじめました。

・動作をゆっくりとする。

・相手の悪い点よりも、よいところに目を向ける。

すると、ものごとの対処のしかたも人との接しかたも、ていねいになりました。また、「いま、ここ」というひとときを、じっくりと味わう心が自分のなかに育ってきたのです。

あいさつがわりに「一年たつのは、早いですね」という会話をよくしますが、「あっ」という間に毎日が過ぎていくと感じられるのは、「鷹揚さ」とはほど遠い生きかたなのかもしれません。

13

明朗《めいろう》

晴れ晴れとして、ウソやごまかしのない心

晴れ晴れとしてウソやごまかしのない心が、「明朗」です。

明朗な人は、出過ぎず、かといって引っ込み過ぎず、ちょうどのところをわきまえています。まわりのことを考え、いつも柔和な表情と時機を得た発言を心がけ、その人がいるだけで雰囲気を明るくなごませてくれます。口数が多いこと、声が高いこと、大声で笑うこと、目立つ態度をとること、出しゃばりであること、それは「明朗」とは言えません。

ところで、心にかかる負担を軽くし、晴れ晴れとした気持ちで生きていくために、私はつぎのことを心がけています。

・**過去を思って、後悔しない**……過ぎ去ったことをくよくよ思いわずら

わないことです。特に、失敗したことは反省し、対策を練《ね》ったら、もうそれで終わりにしましょう。いつまでも引きずらないことです。

・**将来を思って、不安を持たない**……「杞憂《きゆう》」という言葉があります。むかし中国の「杞《き》」という国にたいへん心配性の男がいて、「空が落ちてくる」と思い込み、とうとうノイローゼになりました。これから、いらない心配をしてしまうことを「杞人《きじん》の憂《うれ》い」（杞憂）といいます。将来のわからないことは、悪いほうよりもよい方向に考えてみましょう。余計な心配よりも、正しい生きかたを心がけたいものです。

・**身のまわりのできごとは「必然必要」と思う**……身のまわりのできごとは、起こるべくして起こる（必然）、欠くことのできない（必要）ことがらです。病気は、自分の性格や生活習慣の改善をうながし、事故やトラブルは考えかたに無理があったり、準備が不十分であったりすることを教えてくれます。ありがたいことです。

14

機敏《きびん》

時期をのがさす、すばやく判断し行動に移す

素直な心の条件のひとつは、人の話を「はい、わかりました」と聞き入れることです。

すばやく判断し行動に移すことが「機敏さ」ですが、そうでない人はこの「はい、わかりました」がなかなか言えないものです。

相手の言うことを「そうは言うけれども、こちらにはこちらの都合があるのだ」と受け止めると、すんなりと聞き入れることができません。自分の都合はいったんヨコに置いておいて、まず相手のことを優先させる。すると、そこに「機敏さ」が生まれ、相手を思いやることができます。

ギリギリにならないと、頼まれたことに取りかからない。催促《さいそく》しない

と、返事がない。締め切りまで、書類の提出がない。言い訳が多い――。
これらは行動に計画性がない証拠ですが、それ以前に「心のクセ」がそうさせてしまいます。いつもグズグズする人は、「自我」や「業《ごう》」の意識の強い人でしょう。

相手の喜ぶ顔を早く見たい。早く仕上げて、喜んでもらおう。時間的ゆとりをもって、仕事の質を高めよう。期待以上の結果を出そう――。

そうした思いが、機敏な行動となってあらわれます。
心を素直にしないと、「いま、ここ」という時期をのがしてしまいます。「いま、ここ」が、いちばん大切なときなのです。

15

忍耐《にんたい》

思うようにならないことを、じっと辛抱《しんぼう》する

自分の思うようにならないことをじっと耐《た》えて辛抱することが、「忍耐」です。それには、ふたとおりの状態があるでしょう。

・感情を露骨《ろこつ》にあらわさない。特に「怒り《いか》」をあらわさない。
・たとえ長い年月がかかっても、立てた目標は達成する。

これまでに述べてきたように、短気で怒りやすかった私は、その未熟さを正すように心がけました。「それなりの理由があるから、怒るのだ」という理屈をすて、「怒るのは、どんな事情があっても悪いことだ」と例外を作らないようにしました。

また、私は、税理士試験に合格するまで十年かかりました。はじめのうちは勤めをしながらでしたが、受験勉強に少しでも専念しようと簿記教室を開いて生活をするようにしました。夜だけの講義でしたので、早朝から夕方までを勉強時間にあてたのです。ある日、いつものように税法の条文を暗記していると、ノートの上にポタポタと赤いものが落ちてきました。私の鼻血です。点々とこぼれるしずくを見ていると、涙もいっしょに落ちてきました。「毎日毎日勉強に明け暮れている、オレの人生はいったいなんだろう」、そう思えたのです。しかし、私の合格を心待ちにしている妻と娘を思い浮かべ、また歯をくいしばりました。二十四歳のときに勉強をはじめ、合格通知を受け取ったのは三十五歳でした。

もしも途中であきらめていたらいまの私がないことは、言うまでもないでしょう。

16

寛容《かんよう》　相手を包《つつ》み込む、広い心

他人のあやまちや欠点を責《せ》め立てるのではなく、それぞれの立場で考えることのできる、広くあたたかい心のありかたを「寛容」といいます。

仕事がら、人まえで話す機会が多くありますが、以前の私は、聴き手のなかに私語をしたり、居眠りをしたりする人がいると、とても気になっていました。「失礼だ」と腹立たしく思ったり、「話がそんなにつまらないかな」と自信をなくしたり。

ところが、私自身も、ある会議のなかで、とても眠くなったことがあります。仕事に追われ、じゅうぶんな睡眠をとることができずに、会議に出席をしたからです。

「そうか、居眠りをはじめる人は、疲れているにちがいない。私語をする人は、きっと急ぎの用があるのだろう」

そう思えるようになりました。

また、服用しているクスリや持病のせいで眠くなる人もいるようです。

そう気づいてからは、居眠りや私語はあまり気にならなくなり、熱心に耳をかたむけてくださるかたに意識をむけてお話をすることができるようになりました。

大きく包む
大きく包む
すべてを大きく包む

私は、寛容さをなくしたあるとき、そう紙に書き出しました。

ものごとの本質を見失わないためには、「寛容」でありたいものです。

17 献身《けんしん》

損か得かではなく、ただ相手のために尽くす

フリースクールを開く高柳幹子《たかやなぎみきこ》さんから、つぎのようなお話をうかがいました。

フリースクールにやって来る子どもたちのなかには、「話しかけないで」という雰囲気で他人とのあいだにカベをつくっている人もいます。そんなときには、ムリに話しかけず、しばらくそばに黙ってすわります。そのあいだ、心のなかで「あなたを尊敬しています。この世に生まれてきてくれて、ありがとう」、そう高柳さんは言いつづけます。やがて、静かに「どうして、ここに来たの」と声をかけはじめます。

また、幼いころのリュウマチ熱の後遺症《こういしょう》が残る高柳さんですが、数年まえにも脳出血でたおれ、あやうく一命をとりとめました。病院のべ

ッドの上で、気弱になっていたとき、フリースクールの子どもたちの顔が浮かびました。

「私が逃げたら、ダメだ。おとなが問題や困難にきちんと取り組んでいる姿を見せなければ、子どもたちがダメになってしまう」

そういう思いが、彼女の元気を取りもどさせたのです。そして、リハビリテーションに精を出し、入院しているお年寄りたちの話し相手になったり、職員が患者用のエプロンをたたむのを手伝ったり。また、リハビリにはげむ自分の姿も、フリースクールの子どもたちに見に来てもらいました。

高柳幹子さんは、まさに全身全霊で子どもたちとともに生きています。

損か得かではなく、ただ相手のために尽くしたい。その思いが「献身」という姿です。

18

努《ど》力《りょく》

適正な目標を立て、それを達成《たっせい》するまで行動しつづける

「努力」とは、適正な目標を立て、それを達成するまで行動しつづけることです。

「努力」は、タネまきと同じです。タネをまくから、芽が出て、花が咲き、実がなります。努力しなければ、なにも実ることはないでしょう。

自分の適正と置かれた環境を考え、それにそった目標を見つけ、コツコツと努力をすることが重要です。

私が新入社員のころ、研修で「しつけとは、『しつづける』ことである」という話を聞きました。「よいことをしつづけて習慣とすることで、大きな力が生まれる」というのです。

私は、さっそく自分のしつづけることを考えました。社会に出たばかりの十八歳ですから、大それたことは思いつきません。それは、「みんなよりも早く会社に行こう、7時30分にタイムカードを押そう」というものでした。

しかし、夏場はよいものの、冬の寒い日などは「遅刻しなければいいじゃないか。もう少しフトンの中にいよう」という思いがわいてきます。就寝が遅くなったつぎの朝には「もうちょっと寝ていたい」という誘惑にかられます。それでも飛び起きて、毎朝「7：30」とタイムカードにきざみ込みつづけました。7時30分まえに着いたときは、時間になるまで待ちます。遅れそうなときは、かけ込みます。そうして、一年間、タイムカードに「7：30」という数字を並べることができました。

おかげで、「自分で決めたことは、必ず実行できる」という自信がつき、その後の私の人生の大きな力となっています。

19
責任感《せきにんかん》
自分が引き受けた任務を最後までやりとげる覚悟《かくご》

私たちの小学生のころは、掃除当番や「〇〇委員」と決められた仕事をさぼると、「運動場、三周！」や「バケツをもって廊下に立ってろ」といったバツを受けたものです。体罰に無条件で賛成するわけではありませんが、「無責任な行動で、他人に迷惑をかけてはいけない」、あるいは「社会人としてはずかしくないように、子どもたちを育てよう」という強い気持ちが、そのころの先生がたにあったように思います。

また、通信簿の「行動の記録」の欄には、「健康安全の習慣、自主性、礼儀、根気強さ、公共心、正義感」といった項目と並んで「責任感」もあり、三段階の評価と担任の先生の所見が書き込まれていたものです。

ところで、徳川家康《とくがわいえやす》（一五四二～一六一六年　徳川初代将軍）は、「人の一生は重き荷を背負《せお》いて、遠き道をゆくがごとし」という有名な言葉をのこしています。この「人の一生の荷」とは、一人ひとりに与えられた「責任」ではないでしょうか。

この世に生まれたからには、なんらかの役割（責任）をもち、それに見合う能力をさずけられています。だれひとりとして、例外はありません。

なお、こんなこともよく聞きます。

「神さまは、その人が背負うことのできる荷物しか与えない」

自分の背負った荷を目的地まで運び届ける、それが人生を全《まっと》うするということにほかなりません。その荷の重さに悲鳴をあげそうになりますが、無責任な行動はしたくないものです。自分が引き受けた任務を最後までやりとげる覚悟こそが「責任感」です。

20

正義感《せいぎかん》

道理《どうり》に反することがあれば、それに立ち向かっていく気骨《きこつ》

道理に反することがあれば、それに立ち向かっていく気骨が「正義感」です。道理とは、人としての正しい道です。

私は争《あらそ》いごとを決して好みませんが、弱いものいじめをしたり、卑怯《ひきょう》なふるまいをしたり、多くの人に迷惑をかける行為を見かけると、許せなく思います。また、こちらに思いもよらない火の粉《こ》がふりかかってくることもあります。

そんなとき、信念に従って一歩も退《しりぞ》かないという毅然《きぜん》とした態度をとることが「正義感」です。

ところで、王陽明《おうようめい》（一四七二〜一五二八年　中国の学者、政治家）は、「ものごとを知ることとおこなうことは一体であり、決して切りはなして考えられるものではない」と言っています。たとえば、「暴力はいけない」とは知っているが、「つい、カアーッとなって手が出てしまう」というのでは、それを知らないことと変わりありません。これを「知行合一《ちこうごういつ》」といいます。

ただし、「知る」とは「正しく知る」ということです。ものごとの意味を正しく理解するからこそ正しい行動ができるのであって、浅はかな考えや自分勝手な解釈のままでは、暴挙《ぼうきょ》になりかねません。

したがって、「正義感」を貫《つらぬ》くためには、「ものごとの本質を正しく見ぬくことのできる、くもりのない心」をまずやしなうことが先決《せんけつ》となるでしょう。

【要点】

品性豊かに生きるための徳目

1 「素直」人の話や身のまわりに起こるできごとをあるがままに受け入れる。
2 「謙虚」えらそうにせず、つつしみ深い態度。
3 「礼儀」相手をうやまい、不快さを与えない。
4 「誠実」まじめでウソがなく正直である。
5 「勇気」いざというときに、腹を決めて行動する。
6 「平静」落ち着いて、心静かにかまえる。
7 「清潔」身も心も清々《すがすが》しく、汚れていない。
8 「和顔《わげん》」柔和《にゅうわ》なほほえみ。
9 「愛語」やさしい言葉をかける。
10 「温厚」おだやかで情に厚い。

11「義理」恩を返すために、おこなうべきこと。
12「鷹揚《おうよう》」ゆったりとして、コセコセしない態度。
13「明朗」晴れ晴れとして、ウソやごまかしのない心。
14「機敏」時期をのがさす、すばやく判断し行動に移す。
15「忍耐」思うようにならないことを、じっと辛抱《しんぼう》する。
16「寛容」相手を包み込む、広い心。
17「献身」損か得かではなく、ただ相手のために尽くす。
18「努力」適正な目標を立て、それを達成するまで行動しつづける。
19「責任感」自分が引き受けた任務を最後までやりとげる覚悟《かくご》。
20「正義感」道理に反することがあれば、それに立ち向かっていく気骨《きこつ》。

第八章　素心の力

——「徳力《とくりょく》」の時代

学校教育において、「学力」「体力」を優先し、「徳力」（思いやりの力）を育《はぐく》むことを軽視してきたツケが、いまさまざまな問題を引き起こしています。この「学力」「体力」「徳力」の三つをバランスよく保つところに、「人格の完成を目ざす」（教育基本法第一条）教育があります。

教育現場で、この「徳育」が見直されることはもちろんですが、家庭や地域社会でも実践していくことが求められます。それが、私たちおとなに与えられた大きな役割でしょう。そして、「思いやり」（徳）を伝えることは、他人を変えるのではなく、自分自身を変えることです。

「思いやり」（徳）は「素直な心」から生まれます。一人ひとりの「素心の力」が、新しい「徳力」の時代を開くはずです。

思いやりの心を育《はぐく》む

学校教育の目的は、教育基本法の第一条に「教育は、人格の完成を目指し、平和で民主的な国家及び社会の形成者として必要な資質を備えた心身ともに健康な国民の育成を期して行われなければならない」とうたわれているように「社会に役立つ人間づくり」にあります。それは「人格教育」といってもよいでしょう。正しい人格を形成するためには、知育《ちいく》、体育、徳育《とくいく》の三つがバランスよくなされなければなりません。それぞれ、学力（知識と教養）、体力（すこやかなからだ）、徳力《とくりょく》（思いやりの心）を育《はぐく》みます。

ところが、現在の学校教育では、知育と体育が中心で、徳育はすみっこに追いやられているようです。

なお、「徳育」という言葉にアレルギー反応を起こすかたがおられますが、なにも

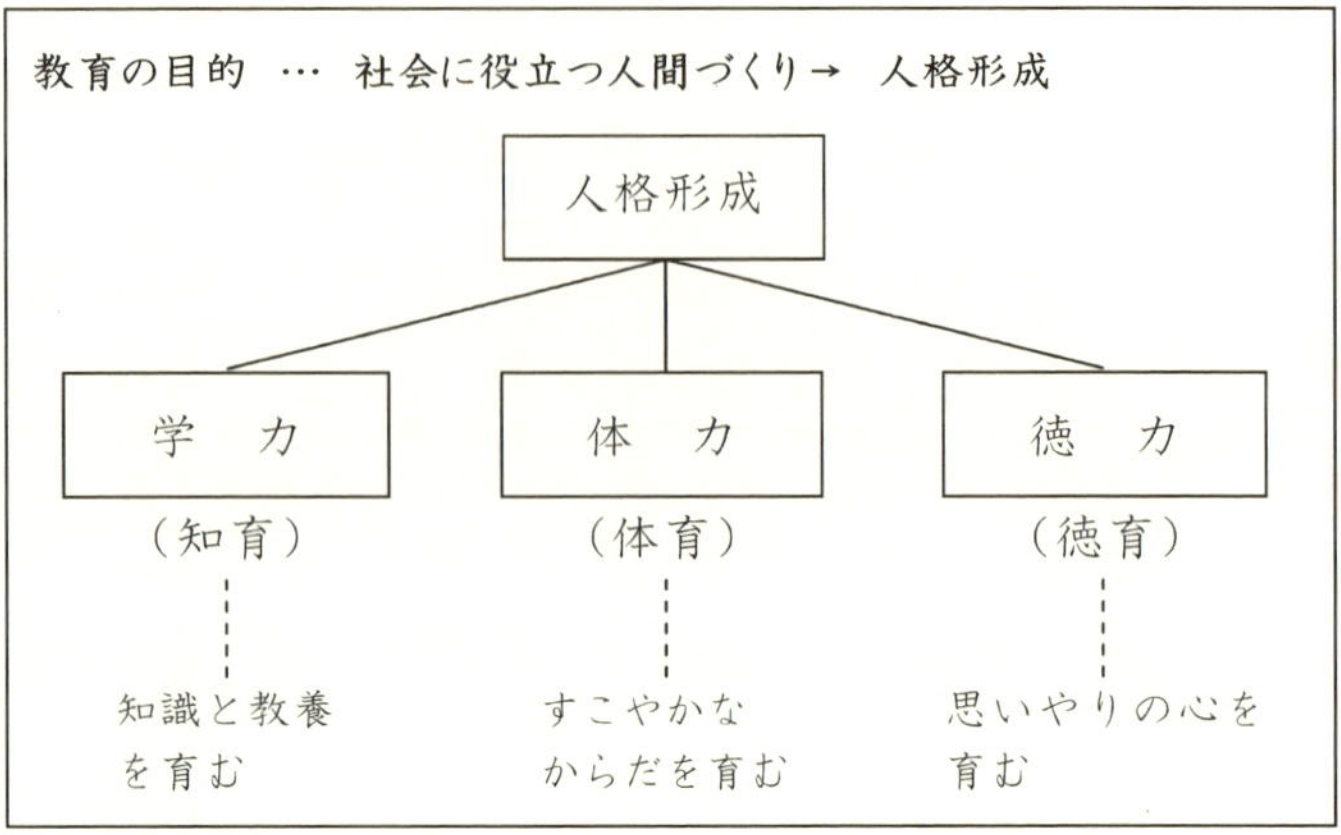

私は国旗、国歌の問題を持ち出したり、太平洋戦争以前の国家主義をあがめたりというのではありません。

相手への思いやりが「徳」で、それは不快さを与えない、さらには安心と喜びを与えることです。

学校では友だちといっしょに学び、考え、遊びます。そのなかで、子どもたちは集団のルールをしっかりと身につけていきます。

・あいさつをちゃんとする。
・意地《いじ》悪《わる》をすると友だちが悲しむ。
・ケンカをしない。
・親切にすると、喜んでくれる。
・自分の係や当番の仕事をサボると、みんなに迷惑がかかる。

・ゴミを散らかさない。

そんなことのひとつひとつが、子どもたちの心とからだにしみ込んでいき、社会の構成者としての意識をやしなっていきます。

また、いくらたくさんの知識を学んでも、いくら元気なからだをつくり運動能力をあげたとしても、その持ち主に「思いやりの心」がなければ、学力も体力も正しく生かすことはできないでしょう。それらをまわりの人や社会に役立てる力が、「思いやりの力」、つまり「徳力」です。

いまの学校教育の問題点は、「学力」「体力」に重点が置かれすぎて、「徳力」の育成が片手間《かたてま》にしかなされていないことです。そのひずみが、さまざまな社会問題や人生のトラブルを引き起こして

対象	指　導	結　果	社会問題
人間	礼儀 節度	人間関係 →良好	いじめ・ひきこもり・ 自殺・うつ病
社会	公共性 規範意識	社会秩序 →保持	違法行為・ 若年失業（ニート）
自然	環境保全	自然環境 →保護	温暖化・ 資源枯渇

いるように思えてなりません。

私たちは、まわりの人や社会、自然にかこまれて生きています。人に対しては、相手をうやまい、不快さを与えない「礼儀」、ほどよい関係を保つ「節度」。それを心得ていないと、人間関係がくずれてしまい、「いじめ」の問題や極度の精神的ストレスをかかえ込んでしまいます。

社会のなかでは、他人に迷惑をかけないように心がける「公共性」や、ものごとの基準とすべきしっかりとした「規範意識」を持つこと。そうでなければ、社会の秩序をうまく保つことができません。毎日のように報道されるいたましい事件、くり返される企業の違法行為、職につくことのできない若者（いわゆるニート）の増加も、公共性や規範意識の薄《うす》れとは無関係ではないでしょう。

また、自然環境に対しての配慮も忘れてはなりません。地球温暖化や資源の枯渇《こかつ》現象も、そこに原因を求めることができます。

私たちを取りまく、そうしたひとつひとつのものへの思いやりを教えていくことが「徳育」にほかなりません。

私のこうした意見に対して、ある人が「学校にそこまで期待するのはむずかしいでしょう」と言われました。すると、その場にいあわせた学校の先生は、なぜかその意見に胸をなでおろしたかのように見受けられましたが、このくらい学校教育の価値を低く見た発言はありません。なぜなら、知、体、徳の三つが一体となった教育がなされるからこそ、学校は「人格の完成を目ざす」場といえるからです。

教育は人格の移しかえ

現在の学校教育の「徳育」におけるもうひとつの問題点は、それを教える人を育てていない、ということです。教員は、算数や英語などの学科、あるいはそれらに関する指導技術などは学びますが、こと「徳育」に関しては一応の指導要領は示されるものの、あとは各人の技量にまかせられているだけではないでしょうか。

一般的に言って、大学を卒業したばかりの若い人たちに、いくら相手が子どもだからとしても「人格の完成を目指し、平和で民主的な国家及び社会の形成者として必要な資質を備えた心身ともに健康な国民の育成を期して行われなければならない」教えをまかせることは少々乱暴のような気がします。

なお、「教育とは、教える側《がわ》の人格を相手に移しかえることだ」と言われています。ふつうの企業では、ベテランの管理者がその役割につき、「卒業したばかりの若い人たち」（新入社員）の教育指導にあたっています。新入社員がいきなり「教育」を担当するということは、基本的にありません（私どものビジネススクールの新人インストラクターも、一定期間の研修を終えたあと、先輩社員の補佐としてはじめて受講されるかたの指導にあたります）。もちろん、教職につく人たちは、企業に就職する人とはちがってそれにふさわしい勉強はしているでしょうが、まえに述べたように「人格の完成」を目ざすための学びはおこなわれていないはずです。

なお、以前に教師としての自信をなくした人から、ご相談を受けたことがあります。

そのかたは、こう言っておられました。

「いきなり教壇に立たされた感じで、子どもたちをどう指導していいのかがわからなくなりました。また、親からの苦情にも、どのように対処してよいのかがわからず頭をかかえ込みました」

人生においても仕事においても経験が少なく、また教職課程で学んだ知識や技術論だけで教壇に立つことは、高速道路を運転する若葉マークをつけたばかりのドライバーと同じでたいへんに危なっかしい状態でしょう。

税理士でも二年間の実務経験がなければ、いくら試験に合格したとしても、それを仕事にする資格が与えられません。

したがって、教育の現場に出るまえに、新卒の教師たち自身が「徳育」を学び、また子どもたちへの指導方法をも習得できる養成機関が必要だと思います。

それは、教育の現場のことだけではなく、現代社会では「徳育」を学ぶことすらむずかしくなってきているからです。

すでに素心学塾では、数人の幼稚園、小学校、中学校、高等学校の教員のかたがたが、経営者、営業マン、美容師さん、看護師さんたちといっしょにまじって「人間の徳性」についての学びをはじめられています。近い将来は、教師のかたがたに対して「徳育」を学ぶ場を用意するつもりです。

「得」から「徳」へ

ところで、戦前のわが国の教育は、所属する集団のルールにしたがい、目上の人をうやまうことが大切だと教えていました。それは正しい理屈なのですが、あまりに行き過ぎて、国家や天皇に服従となり、戦争に走ったといえるでしょう。知育、体育、特に徳育の基準は「国家」にありました。「思いやり」の対象は「国家」だったようです。

なお、戦後は、アメリカ合衆国の占領下で「国家よりも個人、服従よりも自由」という精神が国民に植えつけられていきます。

自由に競争して他者に勝つ。自分の利益を優先する――。

そうした思いが、わが国の経済を発展させ、人びとの生活を豊かにしてきました。ところが現在は、戦争もなく平和な世のなかであるはずなのに、社会生活にさまざまな混乱が生じてきています。ある意味で、「乱世」といってもよいでしょう。

これは「思いやり」（徳）よりも、「個人の利益」（得）を優先させた結果かもしれません。「知・『得』・体」の教育がなされてきた、というのは言い過ぎでしょうか。

また、私たち現代の日本人は、先人たちが苦労して遺《のこ》してきた文化や財産のおかげで豊かに暮らしてきました。さんざんそれらを食いつぶして、多くの人びとがあとは知らん顔して立ち去ろうとしているかのように見えます。

これからの時代には、「自立」と「調和」の精神を育んでいかなければならないでしょう。自立をするためには、「学力」と「体力」が必要です。そして「学力」と「体力」を生かし、まわりの人びとや社会、自然界と調和するには「徳力」が欠かせないのです。

他人と競争し、個人の利益を第一とする「得」の考えではなく、自立した個人がしっかりと手をつなぎ合って協調し合うための「徳」の精神を学ばなければならない時代が来ています。

また、こうした時代だからこそ、「徳」が大きな力を発揮することを知ることが必要でしょう。そして、「徳」（思いやり）は「素直な心」から生まれることも。

教育の変遷

	（戦前）過去	（戦後）現在	未来
基本精神	国家・服従	個人・自由	自立・調和
世情	戦争	乱世	平和
教育要素	知・国・体	知・得・体	知・徳・体

なお、さきほど「学校にそこ（徳育）まで期待するのはむずかしい」という発言を紹介しましたが、私は「学校に徳育のすべてをまかせてしまおう」というつもりはありません。学校ばかりではなく、家庭でも、地域社会でも、それぞれがおこなうべき「徳育」があるものです。どれかひとつがその役割を放棄しても、つぎの世代をになう子どもたちに「思いやり」の心を育むことはできないでしょう。

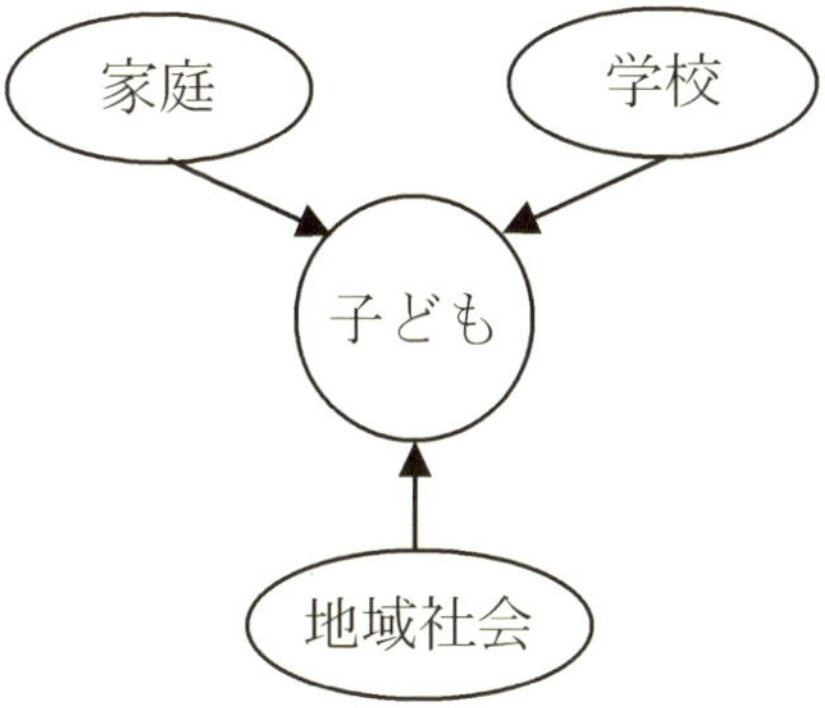

学校まかせにするのではなく、まずはしっかりと家庭で、そして近所の子どもたちに対しても、「徳育」をおこなっていくことが求められます。それが、おとなたちの大きな務《つと》めです。

くり返しますが、「徳育」の「徳」とは「思いやり」のことです。「思いやり」とは、周囲に不快さを与えない、安心と喜びを与えることです。その具体的な方法と考えかたを教え育《はぐく》んでいくのが、「徳育」にほかなりません。

その具体的なひとつの方法としては、本書で述べた「日常の心がけ」（第五章「素心の実践」）二十一項目を、子どもたちに教えていく――。

素心学塾の塾生のなかには、自分の二～三歳の子どもに、

- **笑顔であいさつ**
- **食事のまえは「いただきます」の合掌**
- **脱いだハキモノはきちんとそろえる**

などを、実際に教えはじめている人がいく人も出てきました。子どもに遺す財産としては、いちばんの価値をもつのではないでしょうか。

みずからが実践することはもちろんですが、まわりのだれかに伝えてよい影響をおよぼしていく――。

これが、学んだことを生かし、さらに深めていく最良の方法です。

伝えることで、他人を変えようと思うのではなく、まず自分を変える。そこから、新しい人と人との関係や生きかたが見えてくることでしょう。

「徳力」は「素直な心」がつくり出します。

その「素心の力」がまた新しい力を生み出すことを信じて、つぎの走者へとバトンをしっかり受け渡していきたいものです。

一人ひとりが「徳力」を育むことで、これからの新しい時代をつくり出すことができるはずです。

【要点】

・「学力」「体力」「徳力」の三つをバランスよく育《はぐく》むことが必要。
・「徳力」（思いやりの力）を育む「徳育」が軽視されてきたことで、社会問題が発生。
・教員のための「徳育」を学ぶ機関が必要。
・学校だけではなく、家庭や地域においても「徳育」を心がける。
・学びを伝えることで、他人を変えるのではなく、自分を変える（「日常の心がけ」を子どもに伝えることなど）。
・「素直な心」が「思いやり」（徳）を生む。

著者プロフィール

池田　繁美（いけだ・しげみ）

昭和23年（1948年）、北九州市生まれ。経営コンサルタント・税理士・池田ビジネススクール学院長・（株）池田ビジネス代表取締役。人格向上のための「素心学塾」「耕心塾」を主宰。著書に『素心のすすめ』（モラロジー研究所）、『素心学 ── 指導者の修養』『素心行 ── 素直な心の行動学』（以上、ビジネス社）、『素心学講義 ── 素直な経営・素直な人生』『素直に生きる』『素直 ── 人生と仕事を高める生き方』（以上、致知出版社）がある。

素心学要論

平成21年５月10日　初版発行

著 者　池田繁美

発 行　財団法人　モラロジー研究所
〒277-8654　千葉県柏市光ヶ丘2-1-1
TEL　04-7173-3155(出版部)
http://www.moralogy.jp

発 売　学校法人　廣池学園事業部
〒277-8686　千葉県柏市光ヶ丘2-1-1
TEL　04-7173-3158

印 刷　中沢印刷株式会社

ISBN978-4-89639-169-5

落丁・乱丁本はお取り替えいたします。